Sherlock Holmes: A Scandal in Bohemia and Other Adventures

Sherlock Holmes: Ein Skandal in Böhmen und andere Abenteuer

[Bilingual Edition]

English – German

by Arthur Conan Doyle

Translated by Möwenstein

ISBN: 979-8-89513-000-1

Original text: *Sherlock Holmes: A Scandal in Bohemia and Other Adventures* (1892) by Arthur Conan Doyle (1859-1930)

Cover Art: Inspired by *Hustling Sunlight* by Matthew Bakkom (www.hustlingsunlight.xyz)

Möwenstein Books™ is a trademark of and imprint published by Mowenstein Books LLC.

For permissions or inquiries:

Website: mowenstein.com
Email: copyright@mowenstein.com

Mowenstein Books LLC
DE, USA

Contents

I. A SCANDAL IN BOHEMIA

I. EIN SKANDAL IN BÖHMEN

I.

1.1 **To Sherlock Holmes she is always the woman.**
Für Sherlock Holmes ist sie immer die Frau.

1.2 **I have seldom heard him mention her under any other name.**
Ich habe ihn sie selten unter einem anderen Namen erwähnen hören.

1.3 **In his eyes she eclipses and predominates the whole of her sex.**
In seinen Augen stellt sie ihr Geschlecht in den Schatten und überragt es.

1.4 **It was not that he felt any emotion akin to love for Irene Adler.**
Es war nicht so, dass er für Irene Adler ein Gefühl empfand, das mit Liebe vergleichbar war.

1.5 **All emotions, and that one particularly, were abhorrent to his cold, precise but admirably balanced mind.**
Alle Gefühle, und dieses ganz besonders, waren seinem kalten, präzisen, aber bewundernswert ausgeglichenen Verstand zuwider.

He was, I take it, the most perfect reasoning and observing machine that the world has seen, but as a lover he would have placed himself in a false position.

Er war, wie ich meine, die perfekteste Denk - und Beobachtungsmaschine, die die Welt je gesehen hat, aber als Liebhaber hätte er sich in eine falsche Position gebracht.

He never spoke of the softer passions,

Er sprach nie über die sanften Leidenschaften,

save with a gibe and a sneer.

außer mit einem Spott und einem Hohn.

They were admirable things for the observer -

Für den Beobachter waren sie bewundernswert -

excellent for drawing the veil from men's motives and actions.

hervorragend, um den Schleier von den Motiven und Handlungen der Menschen zu lüften.

But for the trained reasoner to admit such intrusions into his own delicate and finely adjusted temperament was to introduce a distracting factor which might throw a doubt upon all his mental results.

Aber für den geschulten Denker bedeutete das Zulassen solcher Einmischungen in sein eigenes zartes und fein abgestimmtes Temperament, dass er einen störenden Faktor einführte, der alle seine geistigen Ergebnisse in Zweifel ziehen konnte.

1.12 **Grit in a sensitive instrument, or a crack in one of his own high-power lenses, would not be more disturbing than a strong emotion in a nature such as his.**

Körner in einem empfindlichen Instrument oder ein Riss in einer seiner eigenen Hochleistungslinsen würden nicht mehr stören als eine starke Emotion in einer Natur wie der seinen.

1.13 **And yet there was but one woman to him, and that woman was the late Irene Adler, of dubious and questionable memory.**

Und doch gab es nur eine Frau für ihn, und diese Frau war die verstorbene Irene Adler, die ein zweifelhaftes und fragwürdiges Gedächtnis hatte.

2.1 **I had seen little of Holmes lately.**

Ich hatte Holmes in letzter Zeit wenig gesehen.

2.2 **My marriage had drifted us away from each other.**

Durch meine Heirat hatten wir uns auseinandergelebt.

My own complete happiness, and the home-centred
interests which rise up around the man who first
finds himself master of his own establishment, were
sufficient to absorb all my attention, while Holmes,
who loathed every form of society with his whole
Bohemian soul, remained in our lodgings in Baker
Street, buried among his old books, and alternating
from week to week between cocaine and ambition,
the drowsiness of the drug, and the fierce energy of
his own keen nature.

Mein eigenes, vollkommenes Glück und die häuslichen
Interessen, die sich um den Mann ranken, der zum ersten
Mal Herr seiner eigenen Einrichtung ist, reichten aus, um
meine ganze Aufmerksamkeit zu absorbieren, während
Holmes, der jede Form von Gesellschaft mit seiner ganzen
böhmischen Seele verabscheute, in unserer Wohnung in
der Baker Street blieb, vergraben zwischen seinen alten
Büchern, und von Woche zu Woche zwischen Kokain und
Ehrgeiz, der Schläfrigkeit der Droge und der heftigen
Energie seiner eigenen scharfen Natur wechselte.

He was still, as ever, deeply attracted by the study
of crime, and occupied his immense faculties and
extraordinary powers of observation in following out
those clues, and clearing up those mysteries which
had been abandoned as hopeless by the official police.

Er fühlte sich nach wie vor zutiefst von der Erforschung des
Verbrechens angezogen und beschäftigte sich mit seinen
immensen Fähigkeiten und seiner außerordentlichen
Beobachtungsgabe damit, den Hinweisen nachzugehen
und jene Rätsel zu lösen, die von der offiziellen Polizei als
hoffnungslos aufgegeben worden waren.

From time to time I heard some vague account of his
doings:

Von Zeit zu Zeit hörte ich einige vage Berichte über sein
Tun:

2.6 of his summons to Odessa in the case of the Trepoff murder, of his clearing up of the singular tragedy of the Atkinson brothers at Trincomalee, and finally of the mission which he had accomplished so delicately and successfully for the reigning family of Holland.

von seiner Vorladung nach Odessa im Fall des Trepoff-Mordes, von seiner Aufklärung der sonderbaren Tragödie der Atkinson-Brüder in Trincomalee und schließlich von der Mission, die er so feinfühlig und erfolgreich für die herrschende Familie von Holland ausgeführt hatte.

2.7 Beyond these signs of his activity, however, which I merely shared with all the readers of the daily press, I knew little of my former friend and companion.

Doch abgesehen von diesen Anzeichen seiner Tätigkeit, die ich lediglich mit allen Lesern der Tagespresse teilte, wusste ich wenig von meinem ehemaligen Freund und Gefährten.

3.1 One night - it was on the twentieth of March, 1888 -

Eines Abends - es war am zwanzigsten März 1888 -

3.2 I was returning from a journey to a patient (for I had now returned to civil practice),

kehrte ich von einer Reise zu einem Patienten zurück (denn ich war inzwischen in die Zivilpraxis zurückgekehrt),

3.3 when my way led me through Baker Street.

als mich mein Weg durch die Baker Street führte.

As I passed the well-remembered door, which must always be associated in my mind with my wooing, and with the dark incidents of the Study in Scarlet, I was seized with a keen desire to see Holmes again, and to know how he was employing his extraordinary powers.

3.4

Als ich an der wohlbekannten Tür vorbeikam, die in meinem Gedächtnis immer mit meinem Werben und den düsteren Ereignissen der Scharlachroten Studie verbunden sein wird, packte mich der Wunsch, Holmes wiederzusehen und zu erfahren, wie er seine außergewöhnlichen Kräfte einsetzte.

His rooms were brilliantly lit, and, even as I looked up, I saw his tall, spare figure pass twice in a dark silhouette against the blind.

3.5

Seine Räume waren hell erleuchtet, und als ich aufblickte, sah ich seine große, schlanke Gestalt zweimal als dunkle Silhouette an der Jalousie vorbeiziehen.

He was pacing the room swiftly, eagerly, with his head sunk upon his chest and his hands clasped behind him.

3.6

Er schritt schnell und eifrig durch den Raum, den Kopf auf die Brust gesenkt und die Hände hinter sich verschränkt.

To me, who knew his every mood and habit, his attitude and manner told their own story.

3.7

Für mich, der ich seine Stimmungen und Gewohnheiten kannte, sprachen seine Haltung und sein Verhalten für sich selbst.

He was at work again.

3.8

Er war wieder bei der Arbeit.

3.9 He had risen out of his drug-created dreams and was hot upon the scent of some new problem.

Er war aus seinen drogenbedingten Träumen aufgewacht und witterte ein neues Problem.

3.10 I rang the bell and was shown up to the chamber which had formerly been in part my own.

Ich läutete und wurde in die Kammer geführt, die früher zum Teil mir gehört hatte.

4.1 His manner was not effusive.

Sein Verhalten war nicht überschwänglich.

4.2 It seldom was; but he was glad, I think, to see me.

Das war selten der Fall, aber ich glaube, er war froh, mich zu sehen.

4.3 With hardly a word spoken, but with a kindly eye, he waved me to an armchair, threw across his case of cigars, and indicated a spirit case and a gasogene in the corner.

Ohne ein Wort zu sagen, aber mit einem freundlichen Blick, winkte er mich zu einem Sessel, warf seine Zigarrenkiste hinüber und deutete auf eine Schnapskiste und einen Gasogen in der Ecke.

4.4 Then he stood before the fire and looked me over in his singular introspective fashion.

Dann stellte er sich vor das Feuer und betrachtete mich auf seine eigentümlich introspektive Art.

5.1 "Wedlock suits you," he remarked.

"Der Ehebund steht Ihnen," bemerkte er.

"I think, Watson, that you have put on seven and a half pounds since I saw you."

5.2

"Ich glaube, Watson, Sie haben siebeneinhalb Pfund zugenommen, seit ich Sie gesehen habe."

"Seven!" I answered.

6.1

"Sieben!" antwortete ich.

"Indeed, I should have thought a little more.

7.1

"In der Tat, ich hätte ein wenig mehr nachdenken sollen.

Just a trifle more, I fancy, Watson.

7.2

Nur eine Kleinigkeit mehr, denke ich, Watson.

And in practice again, I observe.

7.3

Und wieder in der Praxis, wie ich feststelle.

You did not tell me that you intended to go into harness."

7.4

Sie haben mir nicht gesagt, dass Sie die Absicht haben, in die Schifffahrt einzusteigen."

"Then, how do you know?"

8.1

"Woher wissen Sie es dann?"

"I see it, I deduce it.

9.1

"Ich sehe es, ich schließe es.

How do I know that you have been getting yourself very wet lately,

9.2

Woher weiß ich,

9.3 and that you have a most clumsy and careless servant girl?"

dass du dich in letzter Zeit sehr nass gemacht hast und dass du ein sehr ungeschicktes und unvorsichtiges Dienstmädchen hast?"

10.1 "My dear Holmes," said I, "this is too much.

"Mein lieber Holmes," sagte ich, "das ist zu viel.

10.2 You would certainly have been burned,

Hätten Sie vor ein paar Jahrhunderten gelebt,

10.3 had you lived a few centuries ago.

wären Sie sicher verbrannt worden.

10.4 It is true that I had a country walk on Thursday and came home in a dreadful mess, but as I have changed my clothes I can't imagine how you deduce it.

Es stimmt, dass ich am Donnerstag einen Spaziergang auf dem Lande gemacht habe und in einem furchtbaren Durcheinander nach Hause kam, aber da ich mich umgezogen habe, kann ich mir nicht vorstellen, wie Sie darauf kommen.

10.5 As to Mary Jane, she is incorrigible, and my wife has given her notice, but there, again, I fail to see how you work it out."

Was Mary Jane betrifft, so ist sie unverbesserlich, und meine Frau hat ihr gekündigt, aber auch hier verstehe ich nicht, wie Sie darauf kommen."

11.1 He chuckled to himself and rubbed his long,

Er gluckste vor sich hin und rieb seine langen,

11.2 nervous hands together.

nervösen Hände aneinander.

"It is simplicity itself," said he; 12.1

"Es ist ganz einfach," sagte er,

"my eyes tell me that on the inside of your left shoe, 12.2
just where the firelight strikes it, the leather is scored
by six almost parallel cuts.

"meine Augen sagen mir, dass auf der Innenseite Ihres
linken Schuhs, genau dort, wo das Feuerlicht darauf fällt,
das Leder von sechs fast parallelen Schnitten durchzogen
ist.

Obviously they have been caused by someone who 12.3
has very carelessly scraped round the edges of the
sole in order to remove crusted mud from it.

Offensichtlich sind sie von jemandem verursacht
worden, der sehr unvorsichtig an den Rändern der
Sohle herumgeschabt hat, um verkrusteten Schlamm
zu entfernen.

Hence, you see, my double deduction that you 12.4
had been out in vile weather, and that you had a
particularly malignant boot-slitting specimen of the
London slavey.

Daraus schließe ich, dass Sie bei schlechtem Wetter
unterwegs waren und dass Sie ein besonders bösartiges
Exemplar des Londoner Sklavenhalters hatten.

12.5 As to your practice, if a gentleman walks into my rooms smelling of iodoform, with a black mark of nitrate of silver upon his right forefinger, and a bulge on the right side of his top-hat to show where he has secreted his stethoscope, I must be dull, indeed, if I do not pronounce him to be an active member of the medical profession."

Was Ihre Praxis angeht: Wenn ein Herr in meine Räume kommt, der nach Jodoform riecht, einen schwarzen Fleck von Silbernitrat auf dem rechten Zeigefinger und eine Beule auf der rechten Seite seines Hutes hat, die zeigt, wo er sein Stethoskop versteckt hat, muss ich in der Tat dumm sein, wenn ich ihn nicht als aktives Mitglied des medizinischen Berufsstandes bezeichne."

13.1 I could not help laughing at the ease with which he explained his process of deduction.

Ich konnte nicht umhin, über die Leichtigkeit zu lachen, mit der er seine Schlussfolgerung erklärte.

13.2 "When I hear you give your reasons,"

"Wenn ich höre, wie Sie Ihre Gründe darlegen,"

13.3 I remarked,

bemerkte ich,

13.4 "the thing always appears to me to be so ridiculously simple that I could easily do it myself, though at each successive instance of your reasoning I am baffled until you explain your process.

"erscheint mir die Sache immer so lächerlich einfach, dass ich es leicht selbst tun könnte, obwohl ich bei jedem weiteren Beispiel Ihrer Argumentation verblüfft bin, bis Sie Ihren Prozess erklären.

And yet I believe that my eyes are as good as yours."
13.5

Und doch glaube ich, dass meine Augen so gut sind wie die Ihren."

"Quite so,"
14.1

"Ganz recht,"

he answered, lighting a cigarette, and throwing himself down into an armchair.
14.2

antwortete er, zündete sich eine Zigarette an und ließ sich in einen Sessel fallen.

"You see, but you do not observe.
14.3

"Sie sehen, aber Sie beachten nicht.

The distinction is clear.
14.4

Der Unterschied ist klar.

For example,
14.5

Sie haben zum Beispiel schon oft die Treppe gesehen,

you have frequently seen the steps which lead up from the hall to this room."
14.6

die vom Flur zu diesem Zimmer hinaufführt."

"Frequently."
15.1

"Häufig."

"How often?"
16.1

"Wie oft?"

"Well, some hundreds of times."
17.1

"Nun, einige hundert Mal."

18.1 **"Then how many are there?"**
"Wie viele sind es dann?"

19.1 **"How many? I don't know."**
"Wie viele? Ich weiß es nicht."

20.1 **"Quite so! You have not observed.**
"Ganz recht! Du hast nicht beobachtet.

20.2 **And yet you have seen. That is just my point.**
Und doch hast du gesehen. Das ist genau mein Punkt.

20.3 **Now, I know that there are seventeen steps, because I have both seen and observed.**
Ich weiß, dass es siebzehn Stufen gibt, denn ich habe sowohl gesehen als auch beobachtet.

20.4 **By the way, since you are interested in these little problems, and since you are good enough to chronicle one or two of my trifling experiences, you may be interested in this."**
Übrigens, da Sie sich für diese kleinen Probleme interessieren, und da Sie so gut sind, ein oder zwei meiner unbedeutenden Erlebnisse aufzuschreiben, könnte Sie das hier interessieren."

20.5 **He threw over a sheet of thick, pink-tinted notepaper which had been lying open upon the table.**
Er warf ein Blatt dickes, rosafarbenes Notizpapier zu, das aufgeschlagen auf dem Tisch lag.

20.6 **"It came by the last post," said he.**
"Das kam mit der letzten Post," sagte er.

20.7 **"Read it aloud."**
"Lesen Sie es laut vor."

The note was undated, and without either signature or address.

21.1

Die Notiz war undatiert und enthielt weder Unterschrift noch Adresse.

"There will call upon you to-night, at a quarter to eight o'clock,"

22.1

"Heute abend um viertel vor acht Uhr wird Sie ein Herr aufsuchen,"

it said,

22.2

hieß es,

"a gentleman who desires to consult you upon a matter of the very deepest moment.

22.3

"der Sie in einer Angelegenheit von größter Wichtigkeit zu konsultieren wünscht.

Your recent services to one of the royal houses of Europe have shown that you are one who may safely be trusted with matters which are of an importance which can hardly be exaggerated.

22.4

Ihre jüngsten Dienste für eines der europäischen Königshäuser haben gezeigt, daß man Ihnen Dinge anvertrauen kann, deren Bedeutung kaum übertrieben werden kann.

This account of you we have from all quarters received.

22.5

Diesen Bericht über Euch haben wir von allen Seiten erhalten.

Be in your chamber then at that hour, and do not take it amiss if your visitor wear a mask."

22.6

Seid zu dieser Stunde in Eurem Gemach, und nehmt es nicht übel, wenn Euer Besucher eine Maske trägt."

23.1 "This is indeed a mystery," I remarked.
"Das ist in der Tat ein Rätsel," bemerkte ich.

23.2 "What do you imagine that it means?"
"Was meinen Sie, was es bedeutet?"

24.1 "I have no data yet.
"Ich habe noch keine Daten.

24.2 It is a capital mistake to theorise before one has data.
Es ist ein großer Fehler, Theorien aufzustellen, bevor man Daten hat.

24.3 Insensibly one begins to twist facts to suit theories, instead of theories to suit facts.
Man fängt unweigerlich an, die Fakten zu verdrehen, um sie den Theorien anzupassen, anstatt die Theorien den Fakten anzupassen.

24.4 But the note itself. What do you deduce from it?"
Aber die Notiz selbst. Was schließen Sie daraus?"

25.1 I carefully examined the writing, and the paper upon which it was written.
Ich untersuchte die Schrift und das Papier, auf dem sie geschrieben war, sorgfältig.

26.1 "The man who wrote it was presumably well to do,"
"Der Mann, der es geschrieben hat, war vermutlich gut situiert,"

26.2 I remarked,
bemerkte ich und versuchte,

26.3 endeavouring to imitate my companion's processes.
die Vorgehensweise meines Begleiters zu imitieren.

"Such paper could not be bought under half a crown a packet.

26.4

"Solches Papier kann man nicht unter einer halben Krone pro Paket kaufen.

It is peculiarly strong and stiff."

26.5

Es ist außerordentlich stark und steif."

"Peculiar - that is the very word," said Holmes.

27.1

"Seltsam - das ist genau das richtige Wort," sagte Holmes.

"It is not an English paper at all.

27.2

"Es ist überhaupt kein englisches Papier.

Hold it up to the light."

27.3

Halten Sie es gegen das Licht."

I did so, and saw a large "E" with a small "g," a

28.1

Ich tat dies und sah ein großes "E" mit einem kleinen "g," ein

"P," and a large "G" with a small "t"

28.2

"P" und ein großes "G" mit einem kleinen "t"

woven into the texture of the paper.

28.3

in die Textur des Papiers eingewoben.

"What do you make of that?" asked Holmes.

29.1

"Was halten Sie davon?" fragte Holmes.

"The name of the maker, no doubt; or his monogram, rather."

30.1

"Zweifellos der Name des Schöpfers, oder eher sein Monogramm."

31.1 "Not at all. The 'G' with the small 't' stands for
"Ganz und gar nicht. Das 'G' mit dem kleinen 't' steht für

31.2 'Gesellschaft,' which is the German for 'Company.'
'Gesellschaft,' das ist das deutsche Wort für 'Company.'

31.3 It is a customary contraction like our 'Co.' 'P,' of
course, stands for 'Papier.'
Es ist eine übliche Abkürzung wie unser 'Co.' Das 'P,' steht
natürlich für 'Papier.'

31.4 Now for the 'Eg.'
Und nun zum 'Eg.'

31.5 Let us glance at our Continental Gazetteer."
Werfen wir einen Blick in unseren Continental Gazetteer."

31.6 He took down a heavy brown volume from his
shelves.
Er nahm einen schweren braunen Band aus seinem Regal.

31.7 "Eglow, Eglonitz — here we are, Egria.
"Eglow, Eglonitz — da haben wir es, Egria.

31.8 It is in a German-speaking country — in Bohemia,
Es liegt in einem deutsch-sprachigen Land — in Böhmen,

31.9 not far from Carlsbad.
nicht weit von Karlsbad entfernt.

31.10 'Remarkable as being the scene of the death of
Wallenstein, and for its numerous glass-factories
and paper- mills.'
'Bemerkenswert als Schauplatz des Todes von Wallenstein
und wegen seiner zahlreichen Glasfabriken und
Papiermühlen.'

Ha, ha, my boy, what do you make of that?" 31.11
Ha, ha, mein Junge, was hältst du davon?"

His eyes sparkled, 31.12
Seine Augen funkelten,

and he sent up a great blue triumphant cloud from his 31.13
cigarette.
und aus seiner Zigarette stieg eine große blaue
Triumphwolke auf.

"The paper was made in Bohemia," I said. 32.1
"Das Papier wurde in Böhmen hergestellt," sagte ich.

"Precisely. 33.1
"Ganz genau.

And the man who wrote the note is a German. 33.2
Und der Mann, der den Brief geschrieben hat, ist ein
Deutscher.

Do you note the peculiar construction of the 33.3
sentence — 'This account of you we have from all
quarters received.'
Achten Sie auf die besondere Konstruktion des Satzes:
'Diesen Bericht über Sie haben wir von allen Seiten
erhalten.'

A Frenchman or Russian could not have written that. 33.4
Ein Franzose oder Russe kann das nicht geschrieben haben.

It is the German who is so uncourteous to his verbs. 33.5
Es ist der Deutsche, der so unhöflich zu seinen Verben ist.

33.6 It only remains, therefore, to discover what is wanted by this German who writes upon Bohemian paper and prefers wearing a mask to showing his face.

Es bleibt also nur noch, herauszufinden, was dieser Deutsche will, der auf böhmischem Papier schreibt und lieber eine Maske trägt, als sein Gesicht zu zeigen.

33.7 And here he comes, if I am not mistaken, to resolve all our doubts."

Und hier kommt er, wenn ich mich nicht täusche, um alle unsere Zweifel zu beseitigen."

34.1 As he spoke there was the sharp sound of horses' hoofs and grating wheels against the curb, followed by a sharp pull at the bell.

Während er sprach, hörte er das scharfe Geräusch von Pferdehufen und knirschenden Rädern auf dem Bordstein, gefolgt von einem scharfen Ziehen an der Klingel.

34.2 Holmes whistled.

Holmes pfiff.

35.1 "A pair, by the sound," said he. "Yes,"

"Ein Paar, dem Geräusch nach," sagte er. "Ja,"

35.2 he continued, glancing out of the window.

fuhr er fort und blickte aus dem Fenster.

35.3 "A nice little brougham and a pair of beauties.

"Eine nette kleine Kutsche und ein Paar Schönheiten.

35.4 A hundred and fifty guineas apiece.

Einhundertfünfzig Guineas pro Stück.

There's money in this case, Watson, if there is nothing else."
35.5

In diesem Fall ist Geld drin, Watson, wenn es sonst nichts gibt."

"I think that I had better go, Holmes."
36.1

"Ich glaube, ich sollte besser gehen, Holmes."

"Not a bit, Doctor. Stay where you are.
37.1

"Kein bisschen, Doktor. Bleiben Sie, wo Sie sind.

I am lost without my Boswell.
37.2

Ohne meinen Boswell bin ich verloren.

And this promises to be interesting.
37.3

Und das hier verspricht, interessant zu werden.

It would be a pity to miss it."
37.4

Es wäre schade, es zu verpassen."

"But your client — "
38.1

"Aber Ihr Kunde — "

"Never mind him. I may want your help,
39.1

"Kümmere dich nicht um ihn. Ich brauche vielleicht deine Hilfe,

and so may he. Here he comes.
39.2

und er auch. Da kommt er.

Sit down in that armchair, Doctor, and give us your best attention."
39.3

Setzen Sie sich in den Sessel, Doktor, und schenken Sie uns Ihre Aufmerksamkeit."

40.1 A slow and heavy step, which had been heard upon the stairs and in the passage, paused immediately outside the door.

Ein langsamer und schwerer Schritt, der auf der Treppe und im Gang zu hören war, hielt unmittelbar vor der Tür inne.

40.2 Then there was a loud and authoritative tap.

Dann gab es ein lautes und bestimmtes Klopfen.

41.1 "Come in!" said Holmes.

"Herein!" sagte Holmes.

42.1 A man entered who could hardly have been less than six feet six inches in height, with the chest and limbs of a Hercules.

Ein Mann trat ein, der kaum weniger als sechs Fuß und sechs Zoll groß gewesen sein konnte, mit der Brust und den Gliedmaßen eines Herkules.

42.2 His dress was rich with a richness which would, in England, be looked upon as akin to bad taste.

Seine Kleidung war so reichhaltig, dass man sie in England als geschmacklos bezeichnen würde.

42.3 Heavy bands of astrakhan were slashed across the sleeves and fronts of his double-breasted coat, while the deep blue cloak which was thrown over his shoulders was lined with flame-coloured silk and secured at the neck with a brooch which consisted of a single flaming beryl.

Schwere Bänder aus Astrachan waren über die Ärmel und die Vorderseite seines zweireihigen Mantels geschlitzt, während der tiefblaue Mantel, den er sich über die Schultern geworfen hatte, mit flammenfarbener Seide gefüttert und am Hals mit einer Brosche befestigt war, die aus einem einzigen flammenden Beryll bestand.

Boots which extended halfway up his calves, and which were trimmed at the tops with rich brown fur, completed the impression of barbaric opulence which was suggested by his whole appearance.

42.4

Stiefel, die ihm bis zur Hälfte der Waden reichten und an den Spitzen mit reichem braunen Pelz besetzt waren, vervollständigten den Eindruck barbarischer Opulenz, den seine gesamte Erscheinung erweckte.

He carried a broad-brimmed hat in his hand, while he wore across the upper part of his face, extending down past the cheekbones, a black vizard mask, which he had apparently adjusted that very moment, for his hand was still raised to it as he entered.

42.5

Er trug einen breitkrempigen Hut in der Hand, während er über dem oberen Teil seines Gesichts bis über die Wangenknochen hinaus eine schwarze Eidechsenmaske trug, die er offenbar in diesem Augenblick zurechtrückte, denn er hielt die Hand noch immer davor, als er eintrat.

From the lower part of the face he appeared to be a man of strong character, with a thick, hanging lip, and a long, straight chin suggestive of resolution pushed to the length of obstinacy.

42.6

Von der unteren Gesichtshälfte her schien er ein Mann von starkem Charakter zu sein, mit einer dicken, hängenden Lippe und einem langen, geraden Kinn, das auf Entschlossenheit bis hin zur Sturheit hindeutete.

"You had my note?"

43.1

"Sie haben meinen Zettel?"

he asked with a deep harsh voice and a strongly marked German accent.

43.2

fragte er mit tiefer, rauer Stimme und einem stark ausgeprägten deutschen Akzent.

43.3 "I told you that I would call."
"Ich sagte doch, dass ich anrufen würde."

43.4 He looked from one to the other of us, as if uncertain which to address.
Er schaute von einem zum anderen, als wüsste er nicht, wen er ansprechen sollte.

44.1 "Pray take a seat," said Holmes.
"Bitte nehmen Sie Platz," sagte Holmes.

44.2 "This is my friend and colleague, Dr. Watson, who is occasionally good enough to help me in my cases.
"Dies ist mein Freund und Kollege Dr. Watson, der mir gelegentlich bei meinen Fällen hilft.

44.3 Whom have I the honour to address?"
Mit wem habe ich die Ehre zu sprechen?"

45.1 "You may address me as the Count Von Kramm, a Bohemian nobleman.
"Sie können mich mit Graf von Kramm, einem böhmischen Adligen, anreden.

45.2 I understand that this gentleman, your friend, is a man of honour and discretion, whom I may trust with a matter of the most extreme importance.
Ich gehe davon aus, dass dieser Herr, Ihr Freund, ein Mann von Ehre und Diskretion ist, dem ich eine Angelegenheit von größter Wichtigkeit anvertrauen darf.

45.3 If not, I should much prefer to communicate with you alone."
Wenn nicht, würde ich es vorziehen, mit Ihnen allein zu sprechen."

I rose to go, but Holmes caught me by the wrist and pushed me back into my chair.

46.1

Ich erhob mich, um zu gehen, aber Holmes packte mich am Handgelenk und drückte mich zurück in meinen Stuhl.

"It is both, or none," said he.

46.2

"Entweder beides oder keines," sagte er.

"You may say before this gentleman anything which you may say to me."

46.3

"Sie können vor diesem Herrn alles sagen, was Sie auch mir sagen können."

The Count shrugged his broad shoulders.

47.1

Der Graf zuckte mit den breiten Schultern.

"Then I must begin," said he,

47.2

"Dann muss ich damit beginnen," sagte er,

"by binding you both to absolute secrecy for two years;

47.3

"Sie beide für zwei Jahre zu absoluter Verschwiegenheit zu verpflichten;

at the end of that time the matter will be of no importance.

47.4

nach Ablauf dieser Zeit wird die Angelegenheit keine Bedeutung mehr haben.

At present it is not too much to say that it is of such weight it may have an influence upon European history."

47.5

Im Augenblick ist es nicht zu viel gesagt, wenn man sagt, dass sie von solchem Gewicht ist, dass sie einen Einfluss auf die europäische Geschichte haben kann."

48.1 "I promise," said Holmes.
"Ich verspreche es," sagte Holmes.

49.1 "And I."
"Und ich."

50.1 "You will excuse this mask,"
"Sie werden diese Maske entschuldigen,"

50.2 continued our strange visitor.
fuhr unser seltsamer Besucher fort.

50.3 "The august person who employs me wishes his agent
to be unknown to you, and I may confess at once
that the title by which I have just called myself is not
exactly my own."
"Die erhabene Person, die mich beschäftigt, möchte,
dass Sie seinen Agenten nicht kennen, und ich darf
gleich zugeben, dass der Titel, mit dem ich mich soeben
bezeichnet habe, nicht ganz mein eigener ist."

51.1 "I was aware of it," said Holmes dryly.
"Ich war mir dessen bewusst," sagte Holmes trocken.

52.1 "The circumstances are of great delicacy, and every
precaution has to be taken to quench what might
grow to be an immense scandal and seriously
compromise one of the reigning families of Europe.
"Die Umstände sind sehr delikat, und es muss jede
Vorsichtsmaßnahme ergriffen werden, um das, was zu
einem ungeheuren Skandal auswachsen und eine der
herrschenden Familien Europas ernsthaft gefährden
könnte, zu unterdrücken.

To speak plainly, the matter implicates the great
House of Ormstein, hereditary kings of Bohemia."

52.2

Im Klartext: Die Angelegenheit betrifft das große Haus
Ormstein, die erblichen Könige von Böhmen."

"I was also aware of that," murmured Holmes,

53.1

"Das war mir auch klar," murmelte Holmes,

settling himself down in his armchair and closing his
eyes.

53.2

ließ sich in seinem Sessel nieder und schloss die Augen.

Our visitor glanced with some apparent surprise
at the languid, lounging figure of the man who had
been no doubt depicted to him as the most incisive
reasoner and most energetic agent in Europe.

54.1

Unser Besucher blickte mit offensichtlicher Überraschung
auf die träge, schlaffe Gestalt des Mannes, der ihm
zweifellos als der scharfsinnigste Denker und energischste
Agent in Europa vorgestellt worden war.

Holmes slowly reopened his eyes and looked
impatiently at his gigantic client.

54.2

Holmes öffnete langsam wieder die Augen und blickte
ungeduldig auf seinen riesigen Auftraggeber.

"If your Majesty would condescend to state your
case,"

55.1

"Wenn Eure Majestät sich herablassen würden, Euren Fall
darzulegen,"

he remarked, "I should be better able to advise you."

55.2

bemerkte er, "könnte ich Euch besser beraten."

56.1 **The man sprang from his chair and paced up and down the room in uncontrollable agitation.**
Der Mann sprang von seinem Stuhl auf und lief in unkontrollierbarer Aufregung im Zimmer auf und ab.

56.2 **Then, with a gesture of desperation, he tore the mask from his face and hurled it upon the ground.**
Dann riss er sich mit einer Geste der Verzweiflung die Maske vom Gesicht und warf sie auf den Boden.

56.3 **"You are right," he cried; "I am the King.**
"Ihr habt Recht," rief er, "ich bin der König.

56.4 **Why should I attempt to conceal it?"**
Warum sollte ich versuchen, es zu verbergen?"

57.1 **"Why, indeed?" murmured Holmes.**
"Warum eigentlich?" murmelte Holmes.

57.2 **"Your Majesty had not spoken before I was aware that I was addressing Wilhelm Gottsreich Sigismond von Ormstein, Grand Duke of Cassel-Felstein, and hereditary King of Bohemia."**
"Eure Majestät hatten noch nicht gesprochen, als mir bewusst wurde, dass ich Wilhelm Gottsreich Sigismond von Ormstein, Großherzog von Cassel-Felstein und erblicher König von Böhmen, ansprach."

58.1 **"But you can understand,"**
"Aber Sie können verstehen,"

58.2 **said our strange visitor, sitting down once more and passing his hand over his high white forehead,**
sagte unser seltsamer Besucher, setzte sich wieder und fuhr sich mit der Hand über die hohe weiße Stirn,

"you can understand that I am not accustomed to doing such business in my own person.

58.3

"Sie können verstehen, dass ich es nicht gewohnt bin, solche Geschäfte in meiner eigenen Person zu tätigen.

Yet the matter was so delicate that I could not confide it to an agent without putting myself in his power.

58.4

Aber die Angelegenheit war so heikel, dass ich sie nicht einem Agenten anvertrauen konnte, ohne mich in seine Gewalt zu begeben.

I have come incognito from Prague for the purpose of consulting you."

58.5

Ich bin inkognito aus Prag gekommen, um Sie zu konsultieren."

"Then, pray consult,"

59.1

"Dann konsultieren Sie bitte,"

said Holmes, shutting his eyes once more.

59.2

sagte Holmes und schloss erneut die Augen.

"The facts are briefly these:

60.1

"Die Fakten sind kurz und bündig folgende:

Some five years ago, during a lengthy visit to Warsaw, I made the acquaintance of the well-known adventuress, Irene Adler.

60.2

Vor etwa fünf Jahren machte ich bei einem längeren Besuch in Warschau die Bekanntschaft der bekannten Abenteurerin Irene Adler.

The name is no doubt familiar to you."

60.3

Der Name ist Ihnen zweifellos bekannt."

61.1 "Kindly look her up in my index, Doctor,"

"Schlagen Sie bitte in meiner Kartei nach, Doktor,"

61.2 murmured Holmes without opening his eyes.

murmelte Holmes, ohne die Augen zu öffnen.

61.3 For many years he had adopted a system of docketing all paragraphs concerning men and things, so that it was difficult to name a subject or a person on which he could not at once furnish information.

Seit vielen Jahren hatte er sich ein System angewöhnt, in dem er alle Absätze über Menschen und Dinge notierte, so dass es schwierig war, ein Thema oder eine Person zu nennen, über die er nicht sofort Auskunft geben konnte.

61.4 In this case I found her biography sandwiched in between that of a Hebrew rabbi and that of a staff-commander who had written a monograph upon the deep-sea fishes.

In diesem Fall fand ich ihre Biographie zwischen der eines hebräischen Rabbiners und der eines Stabsoffiziers, der eine Monographie über Tiefseefische verfasst hatte, eingeklemmt.

62.1 "Let me see!" said Holmes. "Hum!

"Lass mich sehen!" sagte Holmes. "Hm!

62.2 Born in New Jersey in the year 1858. Contralto — hum! La Scala,

Geboren in New Jersey im Jahr 1858. Altistin — hm! La Scala,

62.3 hum! Prima donna Imperial Opera of Warsaw — yes!

hum! Primadonna der Kaiserlichen Oper von Warschau — ja!

Retired from operatic stage — ha!

Von der Opernbühne zurückgetreten — ha!

62.4

Living in London — quite so!

Lebt in London — so ist es!

62.5

Your Majesty, as I understand, became entangled with this young person, wrote her some compromising letters, and is now desirous of getting those letters back."

Eure Majestät hat sich, wie ich höre, mit dieser jungen Person eingelassen, ihr einige kompromittierende Briefe geschrieben und wünscht nun, diese Briefe zurückzubekommen."

62.6

"Precisely so. But how — "

"Ganz genau. Aber wie — "

63.1

"Was there a secret marriage?"

"Gab es eine heimliche Ehe?"

64.1

"None."

"Keine."

65.1

"No legal papers or certificates?"

"Keine legalen Papiere oder Zertifikate?"

66.1

"None."

"Keine."

67.1

"Then I fail to follow your Majesty.

"Dann kann ich Eurer Majestät nicht folgen.

68.1

68.2 **If this young person should produce her letters for blackmailing or other purposes,**
Wenn diese junge Person ihre Briefe zu Erpressungs - oder anderen Zwecken vorlegen sollte,

68.3 **how is she to prove their authenticity?"**
wie soll sie dann deren Echtheit beweisen?"

69.1 **"There is the writing."**
"Da ist die Schrift."

70.1 **"Pooh, pooh! Forgery."**
"Puh, puh! Fälschung."

71.1 **"My private note- paper."**
"Mein privates Notizbuch."

72.1 **"Stolen."**
"Gestohlen."

73.1 **"My own seal."**
"Mein eigenes Siegel."

74.1 **"Imitated."**
"Nachgeahmt."

75.1 **"My photograph."**
"Mein Foto."

76.1 **"Bought."**
"Gekauft."

"We were both in the photograph." 77.1
"Wir waren beide auf dem Foto."

"Oh, dear! That is very bad! 78.1
"Oh, mein Gott! Das ist sehr schlimm!

Your Majesty has indeed committed an indiscretion." 78.2
Eure Majestät hat in der Tat eine Indiskretion begangen."

"I was mad - insane." 79.1
"Ich war verrückt - wahnsinnig."

"You have compromised yourself seriously." 80.1
"Sie haben sich selbst ernsthaft gefährdet."

"I was only Crown Prince then. I was young. 81.1
"Damals war ich nur Kronprinz. Ich war jung.

I am but thirty now." 81.2
Jetzt bin ich erst dreißig."

"It must be recovered." 82.1
"Es muss wiederhergestellt werden."

"We have tried and failed." 83.1
"Wir haben es versucht und sind gescheitert."

"Your Majesty must pay. It must be bought." 84.1
"Eure Majestät muss zahlen. Es muss gekauft werden."

"She will not sell." 85.1
"Sie wird nicht verkaufen."

I.

86.1 "Stolen, then."
"Gestohlen also."

87.1 "Five attempts have been made.
"Es wurden fünf Versuche unternommen.

87.2 Twice burglars in my pay ransacked her house.
Zweimal durchwühlten Einbrecher in meinem Sold ihr Haus.

87.3 Once we diverted her luggage when she travelled.
Einmal haben wir ihr Gepäck umgeleitet, als sie auf Reisen war.

87.4 Twice she has been waylaid. There has been no result."
Zweimal wurde sie überfallen. Es gab kein Ergebnis."

88.1 "No sign of it?"
"Keine Spur davon?"

89.1 "Absolutely none."
"Auf keinen Fall."

90.1 Holmes laughed.
Holmes lachte.

90.2 "It is quite a pretty little problem," said he.
"Das ist ein ziemlich hübsches kleines Problem," sagte er.

91.1 "But a very serious one to me,"
"Aber für mich ist es eine sehr ernste Sache,"

91.2 returned the King reproachfully.
erwiderte der König vorwurfsvoll.

"Very, indeed. 92.1
"Ja, in der Tat.

And what does she propose to do with the 92.2
photograph?"
Und was gedenkt sie mit dem Foto zu tun?"

"To ruin me." 93.1
"Um mich zu ruinieren."

"But how?" 94.1
"Aber wie?"

"I am about to be married." 95.1
"Ich werde bald heiraten."

"So I have heard." 96.1
"Das habe ich gehört."

"To Clotilde Lothman von Saxe-Meningen, 97.1
"An Clotilde Lothman von Sachsen-Meningen,

second daughter of the King of Scandinavia. 97.2
zweite Tochter des Königs von Skandinavien.

You may know the strict principles of her family. 97.3
Ihr mögt die strengen Prinzipien ihrer Familie kennen.

She is herself the very soul of delicacy. 97.4
Sie selbst ist die Seele des Feingefühls.

97.5 A shadow of a doubt as to my conduct would bring the matter to an end."

Der Schatten eines Zweifels an meinem Verhalten würde die Angelegenheit zu einem Ende bringen."

98.1 "And Irene Adler?"

"Und Irene Adler?"

99.1 "Threatens to send them the photograph.

"Sie droht damit, ihnen das Foto zu schicken.

99.2 And she will do it. I know that she will do it.

Und sie wird es tun. Ich weiß, dass sie es tun wird.

99.3 You do not know her, but she has a soul of steel.

Du kennst sie nicht, aber sie hat eine Seele aus Stahl.

99.4 She has the face of the most beautiful of women, and the mind of the most resolute of men.

Sie hat das Gesicht der schönsten aller Frauen und den Verstand des entschlossensten aller Männer.

99.5 Rather than I should marry another woman, there are no lengths to which she would not go — none."

Es gibt nichts, was sie nicht tun würde, bevor ich eine andere Frau heirate."

100.1 "You are sure that she has not sent it yet?"

"Sind Sie sicher, dass sie ihn noch nicht abgeschickt hat?"

101.1 "I am sure."

"Ich bin sicher."

102.1 "And why?"

"Und warum?"

"Because she has said that she would send it on the day when the betrothal was publicly proclaimed. 103.1

"Weil sie gesagt hat, dass sie es am Tag der öffentlichen Bekanntgabe der Verlobung schicken würde.

That will be next Monday." 103.2

Das wird nächsten Montag sein."

"Oh, then we have three days yet," 104.1

"Oh, dann haben wir ja noch drei Tage Zeit,"

said Holmes with a yawn. "That is very fortunate, 104.2

sagte Holmes mit einem Gähnen. "Das ist ein großes Glück,

as I have one or two matters of importance to look into just at present. 104.3

denn ich muss mich gerade jetzt um ein oder zwei wichtige Angelegenheiten kümmern.

Your Majesty will, of course, stay in London for the present?" 104.4

Eure Majestät werden natürlich vorerst in London bleiben?"

"Certainly. 105.1

"Gewiss.

You will find me at the Langham under the name of the Count Von Kramm." 105.2

Sie finden mich im Langham unter dem Namen des Grafen von Kramm."

"Then I shall drop you a line to let you know how we progress." 106.1

"Dann melde ich mich bei Ihnen, um Ihnen mitzuteilen, wie wir vorankommen."

107.1 "Pray do so. I shall be all anxiety."
"Bitte tun Sie das. Ich werde ganz unruhig sein."

108.1 "Then, as to money?"
"Und was ist mit dem Geld?"

109.1 "You have carte blanche."
"Sie haben einen Freibrief."

110.1 "Absolutely?"
"Unbedingt?"

111.1 "I tell you that I would give one of the provinces of my kingdom to have that photograph."
"Ich sage Ihnen, dass ich eine der Provinzen meines Königreichs dafür geben würde, dieses Foto zu bekommen."

112.1 "And for present expenses?"
"Und für die laufenden Kosten?"

113.1 The King took a heavy chamois leather bag from under his cloak and laid it on the table.
Der König holte eine schwere Tasche aus Sämischleder unter seinem Mantel hervor und legte sie auf den Tisch.

114.1 "There are three hundred pounds in gold and seven hundred in notes,"
"Es gibt dreihundert Pfund in Gold und siebenhundert in Scheinen,"

114.2 he said.
sagte er.

Holmes scribbled a receipt upon a sheet of his note-book and handed it to him.   115.1

Holmes kritzelte eine Quittung auf ein Blatt seines Notizbuches und reichte es ihm.

"And Mademoiselle's address?" he asked.   116.1

"Und die Adresse von Mademoiselle?" fragte er.

"Is Briony Lodge, Serpentine Avenue, St. John's Wood."   117.1

"Ist Briony Lodge, Serpentine Avenue, St. John's Wood."

Holmes took a note of it. "One other question," said he.   118.1

Holmes nahm dies zur Kenntnis. "Noch eine Frage," sagte er.

"Was the photograph a cabinet?"   118.2

"War das Foto ein Schrank?"

"It was."   119.1

"Das war es."

"Then, good-night, your Majesty, and I trust that we shall soon have some good news for you.   120.1

"Dann gute Nacht, Eure Majestät, und ich hoffe, dass wir bald gute Nachrichten für Euch haben werden.

And good-night, Watson," he added,   120.2

Und gute Nacht, Watson," fügte er hinzu,

as the wheels of the royal brougham rolled down the street.   120.3

als die Räder der königlichen Kutsche die Straße hinunter rollten.

120.4 "If you will be good enough to call to-morrow afternoon at three o'clock I should like to chat this little matter over with you."

"Wenn Sie so freundlich wären, mich morgen Nachmittag um drei Uhr zu besuchen, würde ich diese kleine Angelegenheit gerne mit Ihnen besprechen."

II.

1.1 **At three o'clock precisely I was at Baker Street,**
Um Punkt drei Uhr war ich in der Baker Street,

1.2 **but Holmes had not yet returned.**
aber Holmes war noch nicht zurückgekehrt.

1.3 **The landlady informed me that he had left the house shortly after eight o'clock in the morning.**
Die Vermieterin teilte mir mit, er habe das Haus kurz nach acht Uhr morgens verlassen.

1.4 **I sat down beside the fire, however, with the intention of awaiting him, however long he might be.**
Ich setzte mich jedoch an den Kamin, um auf ihn zu warten, wie lange er auch immer brauchen mochte.

I was already deeply interested in his inquiry, for, though it was surrounded by none of the grim and strange features which were associated with the two crimes which I have already recorded, still, the nature of the case and the exalted station of his client gave it a character of its own.

Seine Untersuchung interessierte mich bereits sehr, denn obwohl sie keine der düsteren und merkwürdigen Züge aufwies, die mit den beiden Verbrechen verbunden waren, über die ich bereits berichtet habe, so gaben doch die Art des Falles und der hohe Stand seines Auftraggebers ihr einen eigenen Charakter.

Indeed, apart from the nature of the investigation which my friend had on hand, there was something in his masterly grasp of a situation, and his keen, incisive reasoning, which made it a pleasure to me to study his system of work, and to follow the quick, subtle methods by which he disentangled the most inextricable mysteries.

Abgesehen von der Art der Untersuchung, mit der mein Freund befasst war, gab es etwas in seinem meisterhaften Verständnis einer Situation und seiner scharfen, einschneidenden Argumentation, das es mir ein Vergnügen machte, sein Arbeitssystem zu studieren und den schnellen, subtilen Methoden zu folgen, mit denen er die unentwirrbarsten Rätsel entwirrte.

So accustomed was I to his invariable success that the very possibility of his failing had ceased to enter into my head.

Ich hatte mich so sehr an seinen unveränderlichen Erfolg gewöhnt, dass ich die Möglichkeit seines Scheiterns gar nicht mehr in Betracht zog.

2.1 It was close upon four before the door opened, and a drunken-looking groom, ill-kempt and side-whiskered, with an inflamed face and disreputable clothes, walked into the room.

Es war kurz vor vier, als sich die Tür öffnete und ein betrunken aussehender Bräutigam, ungepflegt und mit Schnurrbart, entzündetem Gesicht und schäbiger Kleidung, den Raum betrat.

2.2 Accustomed as I was to my friend's amazing powers in the use of disguises, I had to look three times before I was certain that it was indeed he.

Gewöhnt an die erstaunlichen Verkleidungskünste meines Freundes, musste ich dreimal hinsehen, bevor ich sicher war, dass er es wirklich war.

2.3 With a nod he vanished into the bedroom, whence he emerged in five minutes tweed-suited and respectable, as of old.

Mit einem Nicken verschwand er im Schlafzimmer, aus dem er in fünf Minuten wieder auftauchte, im Tweed-Anzug und seriös wie eh und je.

2.4 Putting his hands into his pockets,

Er steckte die Hände in die Taschen,

2.5 he stretched out his legs in front of the fire and laughed heartily for some minutes.

streckte die Beine vor dem Kamin aus und lachte einige Minuten lang herzhaft.

3.1 "Well, really!"

"Also wirklich!"

he cried, and then he choked and laughed again until he was obliged to lie back, limp and helpless, in the chair.

rief er, und dann verschluckte er sich und lachte wieder, bis er gezwungen war, sich schlaff und hilflos in den Stuhl zurückzulegen.

3.2

"What is it?"

"Was ist es?"

4.1

"It's quite too funny.

"Das ist einfach zu lustig.

5.1

I am sure you could never guess how I employed my morning, or what I ended by doing."

Ich bin mir sicher, dass du nie erraten könntest, wie ich meinen Vormittag verbracht habe, oder was ich am Ende getan habe."

5.2

"I can't imagine.

"Das kann ich mir nicht vorstellen.

6.1

I suppose that you have been watching the habits, and perhaps the house, of Miss Irene Adler."

Ich nehme an, dass Sie die Gewohnheiten und vielleicht auch das Haus von Miss Irene Adler beobachtet haben."

6.2

"Quite so; but the sequel was rather unusual.

"Ganz recht, aber die Folge war eher ungewöhnlich.

7.1

I will tell you, however.

Aber ich werde es Ihnen erzählen.

7.2

7.3 I left the house a little after eight o'clock this morning in the character of a groom out of work.

Ich verließ das Haus heute Morgen um kurz nach acht Uhr in der Gestalt eines Pferdepflegers, der keine Arbeit hat.

7.4 There is a wonderful sympathy and freemasonry among horsey men.

Es gibt eine wunderbare Sympathie und Freimaurerei unter Pferdemännern.

7.5 Be one of them, and you will know all that there is to know.

Sei einer von ihnen, und du wirst alles erfahren, was es zu wissen gibt.

7.6 I soon found Briony Lodge.

Ich fand bald die Briony Lodge.

7.7 It is a bijou villa, with a garden at the back, but built out in front right up to the road, two stories.

Es ist eine kleine Villa, mit einem Garten auf der Rückseite, aber vorne bis zur Straße gebaut, zweistöckig.

7.8 Chubb lock to the door.

Chubb-Schloss an der Tür.

7.9 Large sitting-room on the right side, well furnished, with long windows almost to the floor, and those preposterous English window fasteners which a child could open.

Ein großes Wohnzimmer auf der rechten Seite, gut eingerichtet, mit langen Fenstern, die fast bis zum Boden reichen, und diesen absurden englischen Fensterverschlüssen, die ein Kind öffnen kann.

7.10 Behind there was nothing remarkable,

Dahinter gab es nichts Bemerkenswertes,

save that the passage window could be reached from the top of the coach-house.

7.11

außer dass das Durchgangsfenster vom Dach des Kutschenhauses aus erreicht werden konnte.

I walked round it and examined it closely from every point of view,

7.12

Ich ging um das Haus herum und untersuchte es aus allen Blickwinkeln,

but without noting anything else of interest.

7.13

ohne jedoch etwas Interessantes zu entdecken.

"I then lounged down the street and found, as I expected, that there was a mews in a lane which runs down by one wall of the garden.

8.1

"Dann schlenderte ich die Straße hinunter und fand, wie ich erwartet hatte, in einer Gasse, die an einer Mauer des Gartens entlangführt, ein Marstall.

I lent the ostlers a hand in rubbing down their horses, and received in exchange twopence, a glass of half-and-half, two fills of shag tobacco, and as much information as I could desire about Miss Adler, to say nothing of half a dozen other people in the neighbourhood in whom I was not in the least interested, but whose biographies I was compelled to listen to."

8.2

Ich half den Stallknechten beim Abreiben ihrer Pferde und erhielt dafür zwei Pence, ein Glas Halbe-Halbe, zwei Packungen Zotteltabak und so viele Informationen über Fräulein Adler, wie ich mir nur wünschen konnte, ganz zu schweigen von einem halben Dutzend anderer Leute in der Nachbarschaft, für die ich mich nicht im Geringsten interessierte, deren Biografien ich mir aber anhören mußte."

9.1 "And what of Irene Adler?" I asked.

"Und was ist mit Irene Adler?" fragte ich.

10.1 "Oh, she has turned all the men's heads down in that part.

"Oh, sie hat allen Männern in dieser Gegend den Kopf verdreht.

10.2 She is the daintiest thing under a bonnet on this planet.

Sie ist das zierlichste Ding unter einer Haube auf diesem Planeten.

10.3 So say the Serpentine-mews, to a man.

So sagen die Schlangenmenschen zu einem Mann.

10.4 She lives quietly, sings at concerts, drives out at five every day, and returns at seven sharp for dinner.

Sie lebt ruhig, singt bei Konzerten, fährt jeden Tag um fünf Uhr los und kommt um Punkt sieben zum Abendessen zurück.

10.5 Seldom goes out at other times,

Zu den anderen Zeiten geht sie nur selten aus,

10.6 except when she sings.

außer wenn sie singt.

10.7 Has only one male visitor,

Sie hat nur einen einzigen männlichen Besucher,

10.8 but a good deal of him.

dafür aber sehr viel von ihm.

He is dark, handsome, and dashing, never calls less than once a day, and often twice. 10.9

Er ist dunkel, gutaussehend und schneidig, ruft nie weniger als einmal am Tag an, oft sogar zweimal.

He is a Mr. Godfrey Norton, of the Inner Temple. 10.10

Es ist ein Mr. Godfrey Norton, vom Inner Temple.

See the advantages of a cabman as a confidant. 10.11

Sehen Sie die Vorteile eines Taxifahrers als Vertrauter.

They had driven him home a dozen times from Serpentine-mews, and knew all about him. 10.12

Sie hatten ihn ein Dutzend Mal von Serpentine-mews nach Hause gefahren und wussten alles über ihn.

When I had listened to all they had to tell, I began to walk up and down near Briony Lodge once more, and to think over my plan of campaign. 10.13

Nachdem ich mir alles angehört hatte, was sie zu erzählen hatten, begann ich erneut in der Nähe von Briony Lodge auf und ab zu gehen und mir meinen Plan für den Feldzug zu überlegen.

"This Godfrey Norton was evidently an important factor in the matter. 11.1

"Dieser Godfrey Norton war offensichtlich ein wichtiger Faktor in dieser Angelegenheit.

He was a lawyer. That sounded ominous. 11.2

Er war ein Anwalt. Das klang ominös.

What was the relation between them, 11.3

In welcher Beziehung standen sie zueinander,

and what the object of his repeated visits? 11.4

und was war der Grund für seine wiederholten Besuche?

11.5 Was she his client, his friend, or his mistress?
War sie sein Klient, sein Freund oder seine Geliebte?

11.6 If the former,
Wenn ersteres der Fall war,

11.7 she had probably transferred the photograph to his keeping.
hatte sie das Foto wahrscheinlich in seine Obhut gegeben.

11.8 If the latter, it was less likely.
Im letzteren Fall war es weniger wahrscheinlich.

11.9 On the issue of this question depended whether I should continue my work at Briony Lodge,
Von der Klärung dieser Frage hing ab,

11.10 or turn my attention to the gentleman's chambers in the Temple.
ob ich meine Arbeit in Briony Lodge fortsetzen oder mich den Gemächern des Herrn im Temple zuwenden sollte.

11.11 It was a delicate point,
Das war ein heikler Punkt,

11.12 and it widened the field of my inquiry.
und er erweiterte das Feld meiner Nachforschungen.

11.13 I fear that I bore you with these details, but I have to let you see my little difficulties, if you are to understand the situation."
Ich fürchte, ich langweile Sie mit diesen Einzelheiten, aber ich muss Ihnen meine kleinen Schwierigkeiten vor Augen führen, wenn Sie die Situation verstehen wollen."

"I am following you closely," I answered. 12.1

"Ich verfolge Sie genau," antwortete ich.

"I was still balancing the matter in my mind when 13.1
a hansom cab drove up to Briony Lodge, and a
gentleman sprang out.

"Ich war noch dabei, die Sache in meinem Kopf abzuwägen,
als eine Droschke vor Briony Lodge vorfuhr und ein Herr
ausstieg.

He was a remarkably handsome man, dark, aquiline, 13.2
and moustached -

Es war ein auffallend gut aussehender Mann, dunkel,
schlank und mit Schnurrbart -

evidently the man of whom I had heard. 13.3

offensichtlich der Mann, von dem ich gehört hatte.

He appeared to be in a great hurry, shouted to the 13.4
cabman to wait, and brushed past the maid who
opened the door with the air of a man who was
thoroughly at home.

Er schien es sehr eilig zu haben, rief dem Taxifahrer zu,
er solle warten, und drängte sich an dem Dienstmädchen
vorbei, das ihm die Tür öffnete, als sei er ganz zu Hause.

"He was in the house about half an hour, and I could 14.1
catch glimpses of him in the windows of the sitting-
room, pacing up and down, talking excitedly, and
waving his arms.

"Er war etwa eine halbe Stunde im Haus, und ich konnte
einen Blick auf ihn durch die Fenster des Wohnzimmers
erhaschen, wie er auf und ab ging, aufgeregt redete und mit
den Armen fuchtelte.

Of her I could see nothing. 14.2

Von ihr konnte ich nichts sehen.

14.3 **Presently he emerged, looking even more flurried than before.**
Bald darauf kam er heraus und sah noch aufgeregter aus als zuvor.

14.4 **As he stepped up to the cab, he pulled a gold watch from his pocket and looked at it earnestly,**
Als er zum Taxi ging, zog er eine goldene Uhr aus der Tasche und schaute sie ernst an,

14.5 **'Drive like the devil,' he shouted,**
"Fahren Sie wie der Teufel," rief er,

14.6 **'first to Gross & Hankey's in Regent Street, and then to the Church of St. Monica in the Edgeware Road.**
"erst zu Gross & Hankey's in der Regent Street und dann zur Kirche St. Monica in der Edgeware Road.

14.7 **Half a guinea if you do it in twenty minutes!'**
Eine halbe Guinee, wenn du es in zwanzig Minuten schaffst!"

15.1 **"Away they went, and I was just wondering whether I should not do well to follow them when up the lane came a neat little landau, the coachman with his coat only half-buttoned, and his tie under his ear, while all the tags of his harness were sticking out of the buckles.**
"Sie fuhren los, und ich überlegte gerade, ob ich ihnen nicht besser folgen sollte, als die Gasse hinauf ein hübsches kleines Auto kam, dessen Kutscher den Mantel nur halb aufgeknöpft und die Krawatte unter dem Ohr hatte, während alle Laschen des Geschirrs aus den Schnallen ragten.

It hadn't pulled up before she shot out of the hall door and into it.

15.2

Kaum war die Kutsche vorgefahren, schoss sie aus der Hallentür und in die Kutsche hinein.

I only caught a glimpse of her at the moment, but she was a lovely woman, with a face that a man might die for.

15.3

Ich konnte nur einen flüchtigen Blick auf sie erhaschen, aber sie war eine schöne Frau mit einem Gesicht, für das ein Mann sterben könnte.

"'The Church of St. Monica, John,' she cried,

16.1

"Die Kirche St. Monica, John," rief sie,

'and half a sovereign if you reach it in twenty minutes.'

16.2

"und einen halben Sovereign, wenn du sie in zwanzig Minuten erreichst."

"This was quite too good to lose, Watson.

17.1

"Das war viel zu schön, um es zu verlieren, Watson.

I was just balancing whether I should run for it, or whether I should perch behind her landau when a cab came through the street.

17.2

Ich war gerade am Abwägen, ob ich davonlaufen oder mich hinter ihr Landau hocken sollte, als ein Taxi durch die Straße kam.

The driver looked twice at such a shabby fare, but I jumped in before he could object.

17.3

Der Fahrer schaute zweimal auf den schäbigen Fahrpreis, aber ich sprang hinein, bevor er Einspruch erheben konnte.

17.4 'The Church of St. Monica,' said I, 'and half a sovereign if you reach it in twenty minutes.'

Die Kirche St. Monica," sagte ich, "und einen halben Sovereign, wenn Sie sie in zwanzig Minuten erreichen."

17.5 It was twenty-five minutes to twelve, and of course it was clear enough what was in the wind.

Es war fünfundzwanzig Minuten vor zwölf, und es war natürlich klar, was der Wind mit sich brachte.

18.1 "My cabby drove fast.

"Mein Taxifahrer fuhr schnell.

18.2 I don't think I ever drove faster, but the others were there before us.

Ich glaube nicht, dass ich jemals schneller gefahren bin, aber die anderen waren vor uns da.

18.3 The cab and the landau with their steaming horses were in front of the door when I arrived.

Die Droschke und der Landauer mit ihren dampfenden Pferden standen vor der Tür, als ich ankam.

18.4 I paid the man and hurried into the church.

Ich bezahlte den Mann und eilte in die Kirche.

18.5 There was not a soul there save the two whom I had followed and a surpliced clergyman, who seemed to be expostulating with them.

Es war keine Menschenseele zu sehen, außer den beiden, denen ich gefolgt war, und einem Geistlichen mit Talar, der mit ihnen zu diskutieren schien.

18.6 They were all three standing in a knot in front of the altar.

Sie standen alle drei in einem Knoten vor dem Altar.

I lounged up the side aisle like any other idler who has dropped into a church.

18.7

Ich schlenderte den Seitengang hinauf wie jeder andere Müßiggänger, der sich in eine Kirche verirrt hat.

Suddenly, to my surprise, the three at the altar faced round to me, and Godfrey Norton came running as hard as he could towards me.

18.8

Plötzlich drehten sich zu meiner Überraschung die drei am Altar zu mir um, und Godfrey Norton kam so schnell er konnte auf mich zugerannt.

"'Thank God,' he cried. 'You'll do. Come!

19.1

"'Gott sei Dank,' rief er. 'Du wirst es schaffen. 'Komm!

Come!'

19.2

Komm!'

"'What then?' I asked.

20.1

"'Was dann?' fragte ich.

"'Come, man, come, only three minutes, or it won't be legal.'

21.1

"'Komm, Mann, komm, nur drei Minuten, sonst ist es nicht legal.'

22.1 "I was half-dragged up to the altar, and before I knew where I was I found myself mumbling responses which were whispered in my ear, and vouching for things of which I knew nothing, and generally assisting in the secure tying up of Irene Adler, spinster, to Godfrey Norton, bachelor.

"Ich wurde halb zum Altar geschleift, und ehe ich wusste, wo ich war, murmelte ich Antworten, die mir ins Ohr geflüstert wurden, und verbürgte mich für Dinge, von denen ich nichts wusste, und half ganz allgemein bei der sicheren Bindung von Irene Adler, einer Jungfer, an Godfrey Norton, einen Junggesellen.

22.2 It was all done in an instant, and there was the gentleman thanking me on the one side and the lady on the other, while the clergyman beamed on me in front.

Im Nu war alles erledigt, und der Herr auf der einen und die Dame auf der anderen Seite bedankten sich bei mir, während der Geistliche mich von vorne anstrahlte.

22.3 It was the most preposterous position in which I ever found myself in my life, and it was the thought of it that started me laughing just now.

Es war die absurdeste Situation, in der ich mich je in meinem Leben befunden habe, und es war der Gedanke daran, der mich gerade lachen ließ.

It seems that there had been some informality about their license, that the clergyman absolutely refused to marry them without a witness of some sort, and that my lucky appearance saved the bridegroom from having to sally out into the streets in search of a best man.

22.4

Offenbar gab es eine Unregelmäßigkeit bei der Heiratserlaubnis, und der Pfarrer weigerte sich strikt, die beiden ohne einen Trauzeugen zu verheiraten, und mein glückliches Erscheinen ersparte dem Bräutigam die Suche nach einem Trauzeugen.

The bride gave me a sovereign,

22.5

Die Braut schenkte mir einen Sovereign,

and I mean to wear it on my watch chain in memory of the occasion."

22.6

den ich zur Erinnerung an diesen Anlass an meiner Uhrkette tragen werde."

"This is a very unexpected turn of affairs," said I;

23.1

"Das ist eine sehr unerwartete Wendung der Dinge," sagte ich,

"and what then?"

23.2

"und was dann?"

"Well, I found my plans very seriously menaced.

24.1

"Nun, ich fand meine Pläne sehr ernsthaft bedroht.

It looked as if the pair might take an immediate departure,

24.2

Es sah so aus,

24.3 **and so necessitate very prompt and energetic measures on my part.**
als ob die beiden sofort aufbrechen würden und ich daher sehr schnell und energisch handeln müsste.

24.4 **At the church door, however, they separated, he driving back to the Temple, and she to her own house.**
An der Kirchentür trennten sie sich jedoch, er fuhr zurück zum Tempel und sie zu ihrem eigenen Haus.

24.5 **'I shall drive out in the park at five as usual,' she said as she left him.**
Ich werde wie üblich um fünf Uhr in den Park fahren," sagte sie, als sie ihn verließ.

24.6 **I heard no more.**
Mehr habe ich nicht gehört.

24.7 **They drove away in different directions, and I went off to make my own arrangements."**
Sie fuhren in verschiedene Richtungen davon, und ich machte mich auf den Weg, um meine eigenen Vorbereitungen zu treffen."

25.1 **"Which are?"**
"Welche sind das?"

26.1 **"Some cold beef and a glass of beer,"**
"Etwas kaltes Rindfleisch und ein Glas Bier,"

26.2 **he answered, ringing the bell.**
antwortete er und klingelte.

"I have been too busy to think of food, and I am likely to be busier still this evening. 26.3

"Ich war zu beschäftigt, um an Essen zu denken, und heute Abend werde ich wahrscheinlich noch mehr zu tun haben.

By the way, Doctor, I shall want your co- operation." 26.4

Übrigens, Herr Doktor, ich brauche Ihre Mitarbeit."

"I shall be delighted." 27.1

"Ich werde mich freuen."

"You don't mind breaking the law?" 28.1

"Es macht Ihnen nichts aus, gegen das Gesetz zu verstoßen?"

"Not in the least." 29.1

"Nicht im Geringsten."

"Nor running a chance of arrest?" 30.1

"Und keine Gefahr, verhaftet zu werden?"

"Not in a good cause." 31.1

"Nicht für einen guten Zweck."

"Oh, the cause is excellent!" 32.1

"Oh, die Sache ist ausgezeichnet!"

"Then I am your man." 33.1

"Dann bin ich Ihr Mann."

"I was sure that I might rely on you." 34.1

"Ich war mir sicher, dass ich mich auf Sie verlassen kann."

35.1 "But what is it you wish?"
"Aber was wünschen Sie?"

36.1 "When Mrs. Turner has brought in the tray I will make it clear to you.
"Wenn Mrs. Turner das Tablett gebracht hat, werde ich es Ihnen erklären.

36.2 Now,"
Jetzt,"

36.3 he said as he turned hungrily on the simple fare that our landlady had provided,
sagte er, während er sich hungrig dem einfachen Essen zuwandte, das unsere Wirtin bereitgestellt hatte,

36.4 "I must discuss it while I eat,
"muss ich es beim Essen besprechen,

36.5 for I have not much time. It is nearly five now.
denn ich habe nicht viel Zeit. Es ist jetzt fast fünf.

36.6 In two hours we must be on the scene of action.
In zwei Stunden müssen wir am Ort des Geschehens sein.

36.7 Miss Irene, or Madame, rather, returns from her drive at seven.
Fräulein Irene, oder besser gesagt Madame, kommt um sieben von ihrer Fahrt zurück.

36.8 We must be at Briony Lodge to meet her."
Wir müssen in Briony Lodge sein, um sie zu treffen."

37.1 "And what then?"
"Und was dann?"

"You must leave that to me. 38.1
"Das musst du mir überlassen.

I have already arranged what is to occur. 38.2
Ich habe bereits veranlasst, was geschehen soll.

There is only one point on which I must insist. 38.3
Es gibt nur einen Punkt, auf dem ich bestehen muss.

You must not interfere, come what may. 38.4
Du darfst dich nicht einmischen, komme was wolle.

You understand?" 38.5
Hast du verstanden?"

"I am to be neutral?" 39.1
"Ich soll neutral sein?"

"To do nothing whatever. 40.1
"Gar nichts zu tun.

There will probably be some small unpleasantness. 40.2
Es wird wahrscheinlich einige kleine Unannehmlichkeiten
geben.

Do not join in it. 40.3
Machen Sie nicht mit.

It will end in my being conveyed into the house. 40.4
Es wird damit enden, dass ich ins Haus gebracht werde.

Four or five minutes afterwards the sitting-room 40.5
window will open.
Vier oder fünf Minuten später wird das
Wohnzimmerfenster geöffnet.

40.6 **You are to station yourself close to that open window."**
Du wirst dich in der Nähe des offenen Fensters postieren."

41.1 **"Yes."**
"Ja."

42.1 **"You are to watch me,**
"Ihr sollt mich beobachten,

42.2 **for I will be visible to you."**
denn ich werde für euch sichtbar sein."

43.1 **"Yes."**
"Ja."

44.1 **"And when I raise my hand — so — you will throw into the room what I give you to throw, and will, at the same time, raise the cry of fire.**
"Und wenn ich die Hand hebe - so wirst du in den Raum werfen, was ich dir zu werfen gebe, und gleichzeitig den Feuerschrei erheben.

44.2 **You quite follow me?"**
Kannst du mir folgen?"

45.1 **"Entirely."**
"Ganz und gar."

46.1 **"It is nothing very formidable,"**
"Es ist nichts Besonderes,"

he said, taking a long cigar-shaped roll from his pocket.

46.2

sagte er und holte ein langes zigarrenförmiges Brötchen aus seiner Tasche.

"It is an ordinary plumber's smoke-rocket, fitted with a cap at either end to make it self-lighting.

46.3

"Es ist eine gewöhnliche Klempner-Rauchrakete, die an beiden Enden mit einer Kappe versehen ist, damit sie sich selbst anzündet.

Your task is confined to that.

46.4

Ihre Aufgabe beschränkt sich darauf.

When you raise your cry of fire,

46.5

Wenn Sie Ihren Feuerruf ausstoßen,

it will be taken up by quite a number of people.

46.6

wird er von einer ganzen Reihe von Leuten aufgegriffen werden.

You may then walk to the end of the street,

46.7

Sie können dann bis zum Ende der Straße gehen,

and I will rejoin you in ten minutes.

46.8

und ich werde in zehn Minuten wieder bei Ihnen sein.

I hope that I have made myself clear?"

46.9

Ich hoffe, ich habe mich klar ausgedrückt?"

"I am to remain neutral, to get near the window, to watch you, and at the signal to throw in this object, then to raise the cry of fire, and to wait you at the corner of the street."

47.1

"Ich soll neutral bleiben, mich ans Fenster stellen, Sie beobachten und auf das Signal hin diesen Gegenstand hineinwerfen, dann den Feuerruf erheben und an der Straßenecke auf Sie warten."

48.1 "Precisely."
"Ganz genau."

49.1 "Then you may entirely rely on me."
"Dann können Sie sich voll und ganz auf mich verlassen."

50.1 "That is excellent.
"Das ist ausgezeichnet.

50.2 I think, perhaps, it is almost time that I prepare for the new role I have to play."
Ich denke, es ist fast an der Zeit, dass ich mich auf die neue Rolle vorbereite, die ich spielen muss."

51.1 He disappeared into his bedroom and returned in a few minutes in the character of an amiable and simple-minded Nonconformist clergyman.
Er verschwand in seinem Schlafzimmer und kehrte nach wenigen Minuten in der Gestalt eines liebenswürdigen und einfältigen nonkonformistischen Geistlichen zurück.

51.2 His broad black hat, his baggy trousers, his white tie, his sympathetic smile, and general look of peering and benevolent curiosity were such as Mr. John Hare alone could have equalled.
Sein breiter schwarzer Hut, seine ausgebeulten Hosen, seine weiße Krawatte, sein sympathisches Lächeln und sein allgemeiner Blick, der von wohlwollender Neugierde geprägt war, waren so, wie sie nur Mr. John Hare hätte haben können.

51.3 It was not merely that Holmes changed his costume.
Holmes hatte nicht nur sein Kostüm gewechselt.

His expression, his manner, his very soul seemed to vary with every fresh part that he assumed. 51.4

Sein Ausdruck, sein Verhalten, seine Seele schienen sich mit jeder neuen Rolle, die er annahm, zu verändern.

The stage lost a fine actor, even as science lost an acute reasoner, when he became a specialist in crime. 51.5

Die Bühne verlor einen feinen Schauspieler, so wie die Wissenschaft einen scharfsinnigen Denker verlor, als er ein Spezialist für Verbrechen wurde.

It was a quarter past six when we left Baker Street, and it still wanted ten minutes to the hour when we found ourselves in Serpentine Avenue. 52.1

Es war viertel nach sechs, als wir die Baker Street verließen, und es wollte noch zehn Minuten vor der vollen Stunde sein, als wir uns in der Serpentine Avenue befanden.

It was already dusk, and the lamps were just being lighted as we paced up and down in front of Briony Lodge, waiting for the coming of its occupant. 52.2

Es dämmerte bereits, und die Lampen wurden gerade angezündet, als wir vor der Briony Lodge auf und ab gingen und auf die Ankunft ihres Bewohners warteten.

The house was just such as I had pictured it from Sherlock Holmes' succinct description, but the locality appeared to be less private than I expected. 52.3

Das Haus war genau so, wie ich es mir nach der knappen Beschreibung von Sherlock Holmes vorgestellt hatte, aber die Örtlichkeit schien weniger privat zu sein, als ich erwartet hatte.

On the contrary, for a small street in a quiet neighbourhood, it was remarkably animated. 52.4

Im Gegenteil, für eine kleine Straße in einer ruhigen Gegend war es bemerkenswert belebt.

52.5 There was a group of shabbily dressed men smoking and laughing in a corner, a scissors-grinder with his wheel, two guardsmen who were flirting with a nurse-girl, and several well-dressed young men who were lounging up and down with cigars in their mouths.

Da war eine Gruppe schäbig gekleideter Männer, die in einer Ecke rauchten und lachten, ein Scherenschleifer mit seinem Rad, zwei Wachmänner, die mit einer Krankenschwester flirteten, und mehrere gut gekleidete junge Männer, die mit Zigarren im Mund auf und ab liefen.

53.1 "You see,"

"Sehen Sie,"

53.2 remarked Holmes, as we paced to and fro in front of the house,

bemerkte Holmes, während wir vor dem Haus hin - und hergingen,

53.3 "this marriage rather simplifies matters.

"diese Heirat vereinfacht die Dinge ziemlich.

53.4 The photograph becomes a double-edged weapon now.

Das Foto ist jetzt eine zweischneidige Waffe.

53.5 The chances are that she would be as averse to its being seen by Mr. Godfrey Norton, as our client is to its coming to the eyes of his princess.

Die Chancen stehen gut, dass sie genauso wenig will, dass Mr. Godfrey Norton es sieht, wie unser Klient, dass seine Prinzessin es zu Gesicht bekommt.

53.6 Now the question is, Where are we to find the photograph?"

Die Frage ist nun: Wo finden wir das Foto?"

"Where, indeed?"   54.1
"Ja, wo denn?"

"It is most unlikely that she carries it about with her.   55.1
"Es ist sehr unwahrscheinlich, dass sie es mit sich
herumträgt.

It is cabinet size.   55.2
Er hat Schrankgröße.

Too large for easy concealment about a woman's   55.3
dress.
Zu groß, um ihn einfach unter dem Kleid einer Frau zu
verstecken.

She knows that the King is capable of having her   55.4
waylaid and searched.
Sie weiß, dass der König in der Lage ist, sie aufzulauern und
durchsuchen zu lassen.

Two attempts of the sort have already been made.   55.5
Zwei Versuche dieser Art sind bereits unternommen
worden.

We may take it, then, that she does not carry it about   55.6
with her."
Wir können also davon ausgehen, dass sie ihn nicht bei sich
trägt."

"Where, then?"   56.1
"Wo denn?"

"Her banker or her lawyer.   57.1
"Ihr Bankier oder ihr Anwalt.

57.2 There is that double possibility.
Es gibt diese doppelte Möglichkeit.

57.3 But I am inclined to think neither.
Aber ich neige dazu, weder das eine noch das andere zu glauben.

57.4 Women are naturally secretive,
Frauen sind von Natur aus geheimnisvoll,

57.5 and they like to do their own secreting.
und sie machen ihre Geheimnisse gerne selbst.

57.6 Why should she hand it over to anyone else?
Warum sollte sie es jemand anderem überlassen?

57.7 She could trust her own guardianship, but she could not tell what indirect or political influence might be brought to bear upon a business man.
Sie konnte sich auf ihre eigene Vormundschaft verlassen, aber sie konnte nicht wissen, welcher indirekte oder politische Einfluss auf einen Geschäftsmann ausgeübt werden könnte.

57.8 Besides,
Außerdem hatte sie sich vorgenommen,

57.9 remember that she had resolved to use it within a few days.
es innerhalb weniger Tage zu benutzen.

57.10 It must be where she can lay her hands upon it.
Er muss dort sein, wo sie ihn in die Hand nehmen kann.

57.11 It must be in her own house."
Es muss in ihrem eigenen Haus sein. "

"But it has twice been burgled." 58.1
"Aber es wurde schon zweimal eingebrochen."

"Pshaw! They did not know how to look." 59.1
"Pshaw! Sie wussten nicht, wie sie aussehen sollten."

"But how will you look?" 60.1
"Aber wie wirst du aussehen?"

"I will not look." 61.1
"Ich werde nicht hinsehen."

"What then?" 62.1
"Was dann?"

"I will get her to show me." 63.1
"Ich werde sie dazu bringen, es mir zu zeigen."

"But she will refuse." 64.1
"Aber sie wird sich weigern."

"She will not be able to. 65.1
"Sie wird es nicht können.

But I hear the rumble of wheels. It is her carriage. 65.2
Aber ich höre das Rumpeln von Rädern. Es ist ihre Kutsche.

Now carry out my orders to the letter." 65.3
Führen Sie meine Befehle buchstabengetreu aus."

66.1 As he spoke the gleam of the sidelights of a carriage came round the curve of the avenue.

Während er sprach, kam der Schein der Seitenlichter eines Wagens um die Kurve der Allee.

66.2 It was a smart little landau which rattled up to the door of Briony Lodge.

Es war ein schicker kleiner Landauer, der vor die Tür von Briony Lodge ratterte.

66.3 As it pulled up, one of the loafing men at the corner dashed forward to open the door in the hope of earning a copper, but was elbowed away by another loafer, who had rushed up with the same intention.

Als die Kutsche anhielt, stürzte einer der Faulenzer an der Ecke nach vorne, um die Tür zu öffnen, in der Hoffnung, sich einen Kupferstich zu verdienen, wurde aber von einem anderen Faulenzer, der mit der gleichen Absicht herbeigeeilt war, mit dem Ellbogen weggestoßen.

66.4 A fierce quarrel broke out, which was increased by the two guardsmen, who took sides with one of the loungers, and by the scissors-grinder, who was equally hot upon the other side.

Ein heftiger Streit brach aus, der durch die beiden Wachmänner, die sich auf die Seite des einen Faulenzers stellten, und durch den Scherenschleifer, der sich ebenfalls auf die andere Seite schlug, noch verstärkt wurde.

66.5 A blow was struck, and in an instant the lady, who had stepped from her carriage, was the centre of a little knot of flushed and struggling men, who struck savagely at each other with their fists and sticks.

Es kam zu einem Schlag, und im Nu war die Dame, die aus ihrer Kutsche gestiegen war, der Mittelpunkt eines kleinen Haufens erregter und kämpfender Männer, die wild mit Fäusten und Stöcken aufeinander einschlugen.

Holmes dashed into the crowd to protect the lady; 66.6

Holmes stürzte sich in die Menge, um die Dame zu schützen;

but, just as he reached her, he gave a cry and dropped to the ground, with the blood running freely down his face. 66.7

doch als er sie erreichte, stieß er einen Schrei aus und fiel zu Boden, wobei ihm das Blut über das Gesicht lief.

At his fall the guardsmen took to their heels in one direction and the loungers in the other, while a number of better dressed people, who had watched the scuffle without taking part in it, crowded in to help the lady and to attend to the injured man. 66.8

Bei seinem Sturz flüchteten die Gardisten in die eine und die Faulenzer in die andere Richtung, während eine Reihe besser gekleideter Leute, die das Handgemenge beobachtet hatten, ohne sich daran zu beteiligen, herbeiströmten, um der Dame zu helfen und den Verletzten zu versorgen.

Irene Adler, as I will still call her, had hurried up the steps; 66.9

Irene Adler, wie ich sie immer noch nennen werde, war die Treppe hinaufgeeilt;

but she stood at the top with her superb figure outlined against the lights of the hall, looking back into the street. 66.10

aber sie stand oben mit ihrer herrlichen Gestalt, die sich gegen die Lichter des Saales abzeichnete, und schaute zurück auf die Straße.

"Is the poor gentleman much hurt?" she asked. 67.1

"Ist der arme Herr schwer verletzt?" fragte sie.

68.1 "He is dead," cried several voices.
"Er ist tot," riefen mehrere Stimmen.

69.1 "No, no, there's life in him!" shouted another.
"Nein, nein, er lebt noch!" rief ein anderer.

69.2 "But he'll be gone before you can get him to hospital."
"Aber er wird tot sein, bevor ihr ihn ins Krankenhaus bringen könnt."

70.1 "He's a brave fellow," said a woman.
"Er ist ein mutiger Mann," sagte eine Frau.

70.2 "They would have had the lady's purse and watch if it hadn't been for him.
"Ohne ihn hätten sie die Handtasche und die Uhr der Dame gehabt.

70.3 They were a gang, and a rough one, too. Ah,
Das war eine Bande, und eine harte noch dazu. Ah,

70.4 he's breathing now."
jetzt atmet er."

71.1 "He can't lie in the street.
"Er kann nicht auf der Straße liegen.

71.2 May we bring him in, marm?"
Dürfen wir ihn reinbringen, Madame?"

72.1 "Surely. Bring him into the sitting-room.
"Sicherlich. Bringen Sie ihn in das Wohnzimmer.

There is a comfortable sofa. This way, please!"

72.2

Dort steht ein bequemes Sofa. Hier entlang, bitte!"

Slowly and solemnly he was borne into Briony Lodge and laid out in the principal room,

73.1

Langsam und feierlich wurde er in die Briony Lodge getragen und im Hauptraum aufgebahrt,

while I still observed the proceedings from my post by the window.

73.2

während ich das Geschehen von meinem Posten am Fenster aus weiter beobachtete.

The lamps had been lit, but the blinds had not been drawn, so that I could see Holmes as he lay upon the couch.

73.3

Die Lampen waren angezündet, aber die Jalousien noch nicht zugezogen, so dass ich Holmes sehen konnte, wie er auf der Couch lag.

I do not know whether he was seized with compunction at that moment for the part he was playing, but I know that I never felt more heartily ashamed of myself in my life than when I saw the beautiful creature against whom I was conspiring, or the grace and kindliness with which she waited upon the injured man.

73.4

Ich weiß nicht, ob ihn in diesem Augenblick Gewissensbisse wegen der Rolle, die er spielte, überkamen, aber ich weiß, dass ich mich in meinem Leben noch nie so sehr geschämt habe, wie beim Anblick des schönen Wesens, gegen das ich mich verschworen hatte, oder der Anmut und Freundlichkeit, mit der sie den Verletzten bediente.

73.5 **And yet it would be the blackest treachery to Holmes to draw back now from the part which he had intrusted to me.**

Und doch wäre es der schwärzeste Verrat an Holmes, sich jetzt von der Rolle zurückzuziehen, die er mir anvertraut hatte.

73.6 **I hardened my heart, and took the smoke-rocket from under my ulster.**

Ich verhärtete mein Herz und holte die Nebelrakete unter meinem Pullover hervor.

73.7 **After all, I thought, we are not injuring her.**

Immerhin, dachte ich, verletzen wir sie nicht.

73.8 **We are but preventing her from injuring another.**

Wir hindern sie nur daran, einen anderen zu verletzen.

74.1 **Holmes had sat up upon the couch, and I saw him motion like a man who is in need of air.**

Holmes hatte sich auf die Couch gesetzt, und ich sah, wie er sich bewegte wie ein Mann, der nach Luft schnappt.

74.2 **A maid rushed across and threw open the window.**

Ein Dienstmädchen eilte herbei und riss das Fenster auf.

74.3 **At the same instant I saw him raise his hand and at the signal I tossed my rocket into the room with a cry of**

Im selben Augenblick sah ich, wie er die Hand hob, und auf das Signal hin warf ich meine Rakete in den Raum und rief

74.4 **"Fire!"**

"Feuer!"

74.5 **The word was no sooner out of my mouth than the whole crowd of spectators,**

Kaum hatte ich das Wort ausgesprochen,

well dressed and ill - 74.6
stimmte die ganze Menge der Zuschauer -

gentlemen, ostlers, and servant maids - 74.7
gut gekleidete und weniger gut gekleidete Herren, Ostler
und Dienstmädchen -

joined in a general shriek of "Fire!" 74.8
in den allgemeinen Schrei "Feuer!"

Thick clouds of smoke curled through the room and 74.9
out at the open window.
Dicke Rauchwolken zogen durch den Raum und durch das
offene Fenster hinaus.

I caught a glimpse of rushing figures, and a moment 74.10
later the voice of Holmes from within assuring them
that it was a false alarm.
Ich erhaschte einen Blick auf herbeieilende Gestalten und
einen Moment später die Stimme von Holmes, der ihnen
versicherte, dass es sich um einen Fehlalarm handelte.

Slipping through the shouting crowd I made my way 74.11
to the corner of the street, and in ten minutes was
rejoiced to find my friend's arm in mine, and to get
away from the scene of uproar.
Ich schlängelte mich durch die schreiende Menge bis zur
Straßenecke und war zehn Minuten später froh, den Arm
meines Freundes in meinem zu finden und dem Tumult zu
entkommen.

He walked swiftly and in silence for some few 74.12
minutes until we had turned down one of the quiet
streets which lead towards the Edgeware Road.
Er ging zügig und schweigend ein paar Minuten lang, bis
wir in eine der ruhigen Straßen einbogen, die zur Edgeware
Road führten.

75.1 "You did it very nicely, Doctor," he remarked.
"Sie haben das sehr gut gemacht, Doktor," bemerkte er.

75.2 "Nothing could have been better. It is all right."
"Nichts hätte besser sein können. Es ist alles in Ordnung."

76.1 "You have the photograph?"
"Haben Sie das Foto?"

77.1 "I know where it is."
"Ich weiß, wo es ist."

78.1 "And how did you find out?"
"Und wie haben Sie das herausgefunden?"

79.1 "She showed me, as I told you she would."
"Sie hat es mir gezeigt, wie ich es dir gesagt habe."

80.1 "I am still in the dark."
"Ich tappe immer noch im Dunkeln."

81.1 "I do not wish to make a mystery," said he, laughing.
"Ich möchte kein Geheimnis machen," sagte er und lachte.

81.2 "The matter was perfectly simple.
"Die Sache war ganz einfach.

81.3 You, of course, saw that everyone in the street was an accomplice.
Sie haben natürlich gesehen, dass jeder auf der Straße ein Komplize war.

They were all engaged for the evening."

81.4

Sie waren alle für den Abend engagiert."

"I guessed as much."

82.1

"Das habe ich mir schon gedacht."

"Then, when the row broke out, I had a little moist red paint in the palm of my hand.

83.1

"Als dann der Streit ausbrach, hatte ich ein wenig feuchte rote Farbe in der Handfläche.

I rushed forward, fell down, clapped my hand to my face, and became a piteous spectacle.

83.2

Ich stürzte nach vorne, fiel hin, schlug mir die Hand vors Gesicht und wurde zu einem jämmerlichen Anblick.

It is an old trick."

83.3

Das ist ein alter Trick."

"That also I could fathom."

84.1

"Auch das könnte ich nachvollziehen."

"Then they carried me in.

85.1

"Dann haben sie mich reingetragen.

She was bound to have me in.

85.2

Sie war gezwungen, mich hineinzutragen.

What else could she do?

85.3

Was hätte sie sonst tun können?

And into her sitting-room, which was the very room which I suspected.

85.4

Und in ihr Wohnzimmer, das genau das Zimmer war, das ich vermutete.

85.5 It lay between that and her bedroom, and I was determined to see which.

Es lag zwischen diesem und ihrem Schlafzimmer, und ich war entschlossen, zu sehen, welches.

85.6 They laid me on a couch, I motioned for air, they were compelled to open the window, and you had your chance."

Sie legten mich auf eine Couch, ich rief nach Luft, sie mussten das Fenster öffnen, und du hattest deine Chance."

86.1 "How did that help you?"

"Wie hat Ihnen das geholfen?"

87.1 "It was all-important.

"Es war sehr wichtig.

87.2 When a woman thinks that her house is on fire, her instinct is at once to rush to the thing which she values most.

Wenn eine Frau denkt, dass ihr Haus brennt, eilt sie instinktiv zu dem, was ihr am wichtigsten ist.

87.3 It is a perfectly overpowering impulse,

Es ist ein absolut überwältigender Impuls,

87.4 and I have more than once taken advantage of it.

und ich habe ihn mehr als einmal ausgenutzt.

87.5 In the case of the Darlington Substitution Scandal it was of use to me,

Im Fall des Darlington-Substitutionsskandals war er mir von Nutzen,

87.6 and also in the Arnsworth Castle business.

und auch bei der Sache mit Schloss Arnsworth.

A married woman grabs at her baby; an unmarried one reaches for her jewel-box.

87.7

Eine verheiratete Frau greift nach ihrem Baby, eine unverheiratete Frau nach ihrem Schmuckkästchen.

Now it was clear to me that our lady of to-day had nothing in the house more precious to her than what we are in quest of.

87.8

Nun war mir klar, dass unsere heutige Dame nichts im Haus hatte, was ihr wertvoller war als das, wonach wir suchen.

She would rush to secure it.

87.9

Sie würde sich beeilen, es zu sichern.

The alarm of fire was admirably done.

87.10

Der Feueralarm wurde auf wunderbare Weise ausgelöst.

The smoke and shouting were enough to shake nerves of steel.

87.11

Der Rauch und das Geschrei reichten aus, um Nerven aus Stahl zu erschüttern.

She responded beautifully.

87.12

Sie reagierte wunderbar.

The photograph is in a recess behind a sliding panel just above the right bell-pull.

87.13

Das Foto befindet sich in einer Nische hinter einer Schiebetür direkt über dem rechten Klingelzug.

She was there in an instant, and I caught a glimpse of it as she half drew it out.

87.14

Sie war sofort zur Stelle, und ich konnte einen Blick darauf werfen, als sie es halb herauszog.

87.15 When I cried out that it was a false alarm, she replaced it, glanced at the rocket, rushed from the room, and I have not seen her since.

Als ich rief, dass es sich um einen falschen Alarm handelte, setzte sie es wieder ein, warf einen Blick auf die Rakete, stürmte aus dem Zimmer und ich habe sie seitdem nicht mehr gesehen.

87.16 I rose, and, making my excuses, escaped from the house.

Ich stand auf, entschuldigte mich und verließ das Haus.

87.17 I hesitated whether to attempt to secure the photograph at once;

Ich zögerte, ob ich sofort versuchen sollte, das Foto zu sichern;

87.18 but the coachman had come in, and as he was watching me narrowly, it seemed safer to wait.

aber der Kutscher war hereingekommen, und da er mich genau beobachtete, erschien es mir sicherer, zu warten.

87.19 A little over-precipitance may ruin all."

Ein wenig Übervorsichtigkeit kann alles verderben."

88.1 "And now?" I asked.

"Und jetzt?" fragte ich.

89.1 "Our quest is practically finished.

"Unsere Suche ist praktisch beendet.

89.2 I shall call with the King to-morrow, and with you, if you care to come with us.

Ich werde den König morgen aufsuchen und Sie, wenn Sie mitkommen wollen.

We will be shown into the sitting-room to wait for the lady, but it is probable that when she comes she may find neither us nor the photograph. 89.3
Man wird uns in den Salon führen, um auf die Dame zu warten, aber es ist wahrscheinlich, dass sie, wenn sie kommt, weder uns noch das Foto findet.

It might be a satisfaction to his Majesty to regain it with his own hands." 89.4
Es wäre eine Genugtuung für seine Majestät, wenn er es mit seinen eigenen Händen wiedererlangen könnte."

"And when will you call?" 90.1
"Und wann werden Sie anrufen?"

"At eight in the morning. She will not be up, 91.1
"Um acht Uhr morgens. Sie wird noch nicht wach sein,

so that we shall have a clear field. 91.2
so dass wir freie Bahn haben werden.

Besides, we must be prompt, for this marriage may mean a complete change in her life and habits. 91.3
Außerdem müssen wir uns beeilen, denn diese Heirat könnte eine völlige Veränderung in ihrem Leben und ihren Gewohnheiten bedeuten.

I must wire to the King without delay." 91.4
Ich muss unverzüglich an den König telegrafieren."

We had reached Baker Street and had stopped at the door. 92.1
Wir hatten die Baker Street erreicht und waren vor der Tür stehen geblieben.

92.2 He was searching his pockets for the key when someone passing said:

Er suchte gerade in seinen Taschen nach dem Schlüssel, als jemand vorbeikam und sagte:

93.1 "Good-night, Mister Sherlock Holmes."

"Gute Nacht, Mister Sherlock Holmes."

94.1 There were several people on the pavement at the time, but the greeting appeared to come from a slim youth in an ulster who had hurried by.

Zu diesem Zeitpunkt waren mehrere Personen auf dem Bürgersteig, aber der Gruß schien von einem schlanken jungen Mann in einem Pullover zu kommen, der vorbeigeeilt war.

95.1 "I've heard that voice before,"

"Ich habe diese Stimme schon einmal gehört,"

95.2 said Holmes, staring down the dimly lit street.

sagte Holmes und starrte die schwach beleuchtete Straße hinunter.

95.3 "Now, I wonder who the deuce that could have been."

"Jetzt frage ich mich, wer das wohl gewesen sein könnte."

III.

1.1 I slept at Baker Street that night, and we were engaged upon our toast and coffee in the morning when the King of Bohemia rushed into the room.
Ich schlief in dieser Nacht in der Baker Street, und wir waren am Morgen gerade mit Toast und Kaffee beschäftigt, als der König von Böhmen ins Zimmer stürmte.

2.1 "You have really got it!" he cried,
"Sie haben es wirklich geschafft!" rief er,

2.2 grasping Sherlock Holmes by either shoulder and looking eagerly into his face.
fasste Sherlock Holmes an beiden Schultern und blickte ihm eifrig ins Gesicht.

3.1 "Not yet."
"Noch nicht."

4.1 "But you have hopes?"
"Aber Sie haben Hoffnungen?"

"I have hopes."
"Ich habe Hoffnungen."

5.1

"Then, come. I am all impatience to be gone."
"Dann komm. Ich bin ganz ungeduldig, weg zu sein."

6.1

"We must have a cab."
"Wir müssen ein Taxi nehmen."

7.1

"No, my brougham is waiting."
"Nein, meine Kutsche wartet."

8.1

"Then that will simplify matters."
"Dann wird das die Sache vereinfachen."

9.1

We descended and started off once more for Briony Lodge.
Wir stiegen ab und machten uns erneut auf den Weg zur Briony Lodge.

9.2

"Irene Adler is married," remarked Holmes.
"Irene Adler ist verheiratet," bemerkte Holmes.

10.1

"Married! When?"
"Heiraten! Wann?"

11.1

"Yesterday."
"Gestern."

12.1

"But to whom?"
"Aber für wen?"

13.1

14.1 "To an English lawyer named Norton."

"An einen englischen Anwalt namens Norton."

15.1 "But she could not love him."

"Aber sie konnte ihn nicht lieben."

16.1 "I am in hopes that she does."

"Ich hoffe, dass sie das tut."

17.1 "And why in hopes?"

"Und warum in der Hoffnung?"

18.1 "Because it would spare your Majesty all fear of future annoyance.

"Weil es Eurer Majestät jede Furcht vor künftigen Ärgernissen ersparen würde.

18.2 If the lady loves her husband, she does not love your Majesty.

Wenn die Dame ihren Mann liebt, liebt sie Eure Majestät nicht.

18.3 If she does not love your Majesty, there is no reason why she should interfere with your Majesty's plan."

Wenn sie Eure Majestät nicht liebt, gibt es keinen Grund, warum sie sich in den Plan Eurer Majestät einmischen sollte."

19.1 "It is true. And yet — ! Well!

"Es ist wahr. Und doch — ! Nun!

19.2 I wish she had been of my own station!

Ich wünschte, sie wäre von meinem Stand gewesen!

What a queen she would have made!" 19.3
Was für eine Königin hätte sie abgegeben!"

He relapsed into a moody silence, which was not 19.4
broken until we drew up in Serpentine Avenue.
Er verfiel in ein mürrisches Schweigen, das erst
durchbrochen wurde, als wir in die Serpentine Avenue
einbogen.

The door of Briony Lodge was open, 20.1
Die Tür von Briony Lodge stand offen,

and an elderly woman stood upon the steps. 20.2
und eine ältere Frau stand auf der Treppe.

She watched us with a sardonic eye as we stepped 20.3
from the brougham.
Sie beobachtete uns mit einem sardonischen Blick, als wir
aus der Kutsche stiegen.

"Mr. Sherlock Holmes, I believe?" said she. 21.1
"Mr. Sherlock Holmes, glaube ich?" sagte sie.

"I am Mr. Holmes," 22.1
"Ich bin Mr. Holmes,"

answered my companion, looking at her with a 22.2
questioning and rather startled gaze.
antwortete meine Begleiterin und sah sie mit einem
fragenden und etwas erschrockenen Blick an.

"Indeed! 23.1
"In der Tat!

23.2 My mistress told me that you were likely to call.
Meine Herrin hat mir gesagt, dass Sie wahrscheinlich anrufen werden.

23.3 She left this morning with her husband by the 5:
Sie ist heute Morgen mit ihrem Mann mit dem Zug um 5:

23.4 15 train from Charing Cross for the Continent."
15 Uhr von Charing Cross aus auf den Kontinent gefahren."

24.1 "What!" Sherlock Holmes staggered back,
"Was!" Sherlock Holmes taumelte zurück,

24.2 white with chagrin and surprise.
weiß vor Verärgerung und Überraschung.

24.3 "Do you mean that she has left England?"
"Soll das heißen, dass sie England verlassen hat?"

25.1 "Never to return."
"Nie mehr zurückkehren."

26.1 "And the papers?" asked the King hoarsely.
"Und die Papiere?" fragte der König heiser.

26.2 "All is lost."
"Alles ist verloren."

27.1 "We shall see."
"Wir werden sehen."

27.2 He pushed past the servant and rushed into the drawing-room,
Er drängte sich an dem Diener vorbei und eilte in den Salon,

followed by the King and myself. 27.3
gefolgt vom König und mir.

The furniture was scattered about in every direction, 27.4
with dismantled shelves and open drawers, as if the
lady had hurriedly ransacked them before her flight.
Die Möbel waren in alle Richtungen verstreut, mit
zerlegten Regalen und offenen Schubladen, als hätte die
Dame sie vor ihrer Flucht eilig durchwühlt.

Holmes rushed at the bell-pull, tore back a small 27.5
sliding shutter, and, plunging in his hand, pulled out
a photograph and a letter.
Holmes stürzte sich auf den Klingelknopf, riss einen
kleinen Schiebeladen zurück und holte mit der Hand
ein Foto und einen Brief heraus.

The photograph was of Irene Adler herself in evening 27.6
dress,
Das Foto zeigte Irene Adler in Abendgarderobe,

the letter was superscribed to "Sherlock Holmes, Esq. 27.7
der Brief war an "Sherlock Holmes, Esq.

To be left till called for." My friend tore it open, 27.8
Aufzubewahren bis zum Abruf." Mein Freund riss ihn auf,

and we all three read it together. 27.9
und wir drei lasen ihn gemeinsam.

It was dated at midnight of the preceding night and 27.10
ran in this way:
Er war auf Mitternacht der vorangegangenen Nacht datiert
und lautete wie folgt:

"MY DEAR MR. SHERLOCK HOLMES,

— You really did it very well.

You took me in completely.

Until after the alarm of fire, I had not a suspicion.

But then, when I found how I had betrayed myself, I began to think.

I had been warned against you months ago.

I had been told that, if the King employed an agent, it would certainly be you.

And your address had been given me.

Yet, with all this, you made me reveal what you wanted to know.

"MEIN LIEBER MR. SHERLOCK HOLMES,

Sie haben es wirklich sehr gut gemacht.

Sie haben mich völlig in Beschlag genommen.

Bis nach dem Feueralarm hatte ich nicht den geringsten Verdacht.

Aber dann, als ich merkte, wie ich mich verraten hatte, begann ich nachzudenken.

Man hatte mich schon vor Monaten vor Ihnen gewarnt.

Man hatte mir gesagt, dass, wenn der König einen Agenten beschäftigte, es sicher Sie sein würden.

Und man hatte mir Ihre Adresse gegeben.

Und dennoch haben Sie mich dazu gebracht, Ihnen zu verraten, was Sie wissen wollten.

Even after I became suspicious, I found it hard to think evil of such a dear, kind old clergyman.

Selbst nachdem ich misstrauisch geworden war, fiel es mir schwer, etwas Schlechtes über einen so lieben, freundlichen alten Geistlichen zu denken.

But, you know, I have been trained as an actress myself.

Aber wissen Sie, ich bin selbst als Schauspielerin ausgebildet worden.

Male costume is nothing new to me.

Männliche Kostüme sind für mich nichts Neues.

I often take advantage of the freedom which it gives.

Ich nutze oft die Freiheit, die sie mir gibt.

I sent John, the coachman, to watch you, ran upstairs, got into my walking clothes, as I call them, and came down just as you departed.

Ich schickte John, den Kutscher, um auf Sie aufzupassen, rannte nach oben, zog mir meine Wanderkleidung an, wie ich sie nenne, und kam gerade herunter, als Sie abfuhren.

"Well, I followed you to your door, and so made sure that I was really an object of interest to the celebrated Mr. Sherlock Holmes.

"Nun, ich folgte Ihnen bis zu Ihrer Tür und vergewisserte mich so, dass ich für den berühmten Mr. Sherlock Holmes wirklich von Interesse war.

Then I, rather imprudently, wished you good-night, and started for the Temple to see my husband.

Dann wünschte ich Ihnen unvorsichtigerweise eine gute Nacht und machte mich auf den Weg zum Tempel, um meinen Mann zu besuchen.

"We both thought the best resource was flight, when pursued by so formidable an antagonist;

"Wir waren beide der Meinung, dass die Flucht das beste Mittel ist, wenn man von einem so furchterregenden Gegner verfolgt wird;

so you will find the nest empty when you call to-morrow.

Sie werden das Nest also leer vorfinden, wenn Sie morgen anrufen.

As to the photograph, your client may rest in peace.

Was die Fotografie angeht, so kann Ihr Klient in Frieden ruhen.

I love and am loved by a better man than he.

Ich liebe und werde geliebt von einem besseren Mann als ihm.

The King may do what he will without hindrance from one whom he has cruelly wronged.

Der König kann tun, was er will, ohne von jemandem, dem er grausam Unrecht getan hat, daran gehindert zu werden.

I keep it only to safeguard myself, and to preserve a weapon which will always secure me from any steps which he might take in the future.

Ich behalte es nur, um mich zu schützen und eine Waffe zu bewahren, die mich immer vor allen Schritten bewahren wird, die er in Zukunft unternehmen könnte.

I leave a photograph which he might care to possess; and I remain, dear Mr. Sherlock Holmes,

Ich hinterlasse eine Fotografie, die er vielleicht besitzen möchte, und ich bleibe, lieber Mr. Sherlock Holmes,

"Very truly yours,

"Mit freundlichen Grüßen,

"IRENE NORTON, née ADLER."

IRENE NORTON, geb ADLER."

"What a woman - oh, what a woman!" 30.1
"Was für eine Frau - oh, was für eine Frau!"

cried the King of Bohemia, 30.2
rief der König von Böhmen,

when we had all three read this epistle. 30.3
als wir alle drei diese Epistel gelesen hatten.

"Did I not tell you how quick and resolute she was? 30.4
"Habe ich euch nicht gesagt, wie schnell und entschlossen sie war?

Would she not have made an admirable queen? 30.5
Hätte sie nicht eine wunderbare Königin abgegeben?

30.6 Is it not a pity that she was not on my level?"

Ist es nicht schade, dass sie nicht auf meinem Niveau war?"

31.1 "From what I have seen of the lady, she seems, indeed, to be on a very different level to your Majesty,"

"Nach dem, was ich von der Dame gesehen habe, scheint sie sich in der Tat auf einem ganz anderen Niveau zu befinden als Eure Majestät,"

31.2 said Holmes coldly.

sagte Holmes kalt.

31.3 "I am sorry that I have not been able to bring your Majesty's business to a more successful conclusion."

"Es tut mir leid, dass ich die Angelegenheit Eurer Majestät nicht zu einem erfolgreicheren Abschluss bringen konnte."

32.1 "On the contrary, my dear sir," cried the King;

"Im Gegenteil, mein lieber Herr," rief der König,

32.2 "nothing could be more successful.

"nichts könnte erfolgreicher sein.

32.3 I know that her word is inviolate.

Ich weiß, dass ihr Wort unantastbar ist.

32.4 The photograph is now as safe as if it were in the fire."

Die Fotografie ist jetzt so sicher, als ob sie im Feuer wäre."

33.1 "I am glad to hear your Majesty say so."

"Es freut mich, das von Eurer Majestät zu hören."

34.1 "I am immensely indebted to you.

"Ich bin Ihnen zu großem Dank verpflichtet.

Pray tell me in what way I can reward you. This ring — " 34.2

Sagen Sie mir bitte, wie ich Sie belohnen kann. Dieser Ring — "

He slipped an emerald snake ring from his finger and held it out upon the palm of his hand. 34.3

Er streifte einen smaragdgrünen Schlangenring von seinem Finger und hielt ihn auf seiner Handfläche aus.

"Your Majesty has something which I should value even more highly," 35.1

"Eure Majestät hat etwas, das ich noch mehr schätzen würde,"

said Holmes. 35.2

sagte Holmes.

"You have but to name it." 36.1

"Du musst es nur benennen."

"This photograph!" 37.1

"Dieses Foto!"

The King stared at him in amazement. 38.1

Der König starrte ihn erstaunt an.

"Irene's photograph!" he cried. "Certainly, 39.1

"Irenes Foto!" rief er. "Gewiss,

if you wish it." 39.2

wenn Sie es wünschen."

40.1 "I thank your Majesty.
"Ich danke Eurer Majestät.

40.2 Then there is no more to be done in the matter.
Dann gibt es in dieser Angelegenheit nichts mehr zu tun.

40.3 I have the honour to wish you a very good morning."
Ich habe die Ehre, Ihnen einen guten Morgen zu
wünschen."

40.4 He bowed, and, turning away without observing the
hand which the King had stretched out to him, he set
off in my company for his chambers.
Er verbeugte sich, wandte sich ab, ohne auf die Hand zu
achten, die ihm der König gereicht hatte, und machte sich
in meiner Begleitung auf den Weg zu seinen Gemächern.

41.1 And that was how a great scandal threatened to affect
the kingdom of Bohemia, and how the best plans of
Mr. Sherlock Holmes were beaten by a woman's wit.
Und so kam es, dass ein großer Skandal das Königreich
Böhmen zu erschüttern drohte, und dass die besten Pläne
von Mr. Sherlock Holmes durch den Witz einer Frau
zunichte gemacht wurden.

41.2 He used to make merry over the cleverness of
women,
Früher hat er sich über die Klugheit der Frauen lustig
gemacht,

41.3 but I have not heard him do it of late.
aber in letzter Zeit habe ich ihn das nicht mehr tun hören.

And when he speaks of Irene Adler, or when he refers to her photograph, it is always under the honourable title of the woman. ^{41.4}

Und wenn er von Irene Adler spricht oder sich auf ihr Foto bezieht, dann immer unter dem ehrenwerten Titel der Frau.

II. THE RED-HEADED LEAGUE

II. DIE ROTHAARIGE LIGA

1.1 I had called upon my friend, Mr. Sherlock Holmes, one day in the autumn of last year and found him in deep conversation with a very stout, florid-faced, elderly gentleman with fiery red hair.

Ich hatte meinen Freund, Mr. Sherlock Holmes, eines Tages im Herbst des vergangenen Jahres aufgesucht und fand ihn in tiefem Gespräch mit einem sehr stämmigen, älteren Herrn mit feuerrotem Haar und blühendem Gesicht.

1.2 With an apology for my intrusion,

Mit einer Entschuldigung für mein Eindringen wollte ich mich gerade zurückziehen,

1.3 I was about to withdraw when Holmes pulled me abruptly into the room and closed the door behind me.

als Holmes mich abrupt ins Zimmer zog und die Tür hinter mir schloss.

"You could not possibly have come at a better time, my dear Watson,"   2.1

"Sie hätten zu keinem besseren Zeitpunkt kommen können, mein lieber Watson,"

he said cordially.   2.2

sagte er herzlich.

"I was afraid that you were engaged."   3.1

"Ich hatte Angst, dass du verlobt bist."

"So I am. Very much so."   4.1

"Das bin ich auch. Sehr sogar."

"Then I can wait in the next room."   5.1

"Dann kann ich im Zimmer nebenan warten."

"Not at all.   6.1

"Ganz und gar nicht.

This gentleman, Mr. Wilson, has been my partner and helper in many of my most successful cases, and I have no doubt that he will be of the utmost use to me in yours also."   6.2

Dieser Herr, Mr. Wilson, war mein Partner und Helfer in vielen meiner erfolgreichsten Fälle, und ich habe keinen Zweifel, dass er mir auch in Ihrem Fall von größtem Nutzen sein wird."

7.1 The stout gentleman half rose from his chair and gave a bob of greeting, with a quick little questioning glance from his small fat-encircled eyes.

Der stämmige Herr erhob sich halb von seinem Stuhl und wippte zur Begrüßung mit einem schnellen, fragenden Blick aus seinen kleinen, fettumrandeten Augen.

8.1 "Try the settee,"

"Versuchen Sie es auf dem Sofa,"

8.2 said Holmes, relapsing into his armchair and putting his fingertips together, as was his custom when in judicial moods.

sagte Holmes, ließ sich in seinen Sessel zurückfallen und legte die Fingerspitzen aneinander, wie es seine Gewohnheit war, wenn er in juristischer Laune war.

8.3 "I know, my dear Watson, that you share my love of all that is bizarre and outside the conventions and humdrum routine of everyday life.

"Ich weiß, mein lieber Watson, dass Sie meine Liebe zu allem Bizarren und zu allem, was außerhalb der Konventionen und der eintönigen Routine des täglichen Lebens liegt, teilen.

8.4 You have shown your relish for it by the enthusiasm which has prompted you to chronicle, and, if you will excuse my saying so, somewhat to embellish so many of my own little adventures."

Sie haben Ihre Vorliebe dafür durch den Enthusiasmus bewiesen, der Sie dazu veranlasst hat, so viele meiner eigenen kleinen Abenteuer aufzuzeichnen und, wenn Sie mir das verzeihen, ein wenig zu verschönern."

9.1 "Your cases have indeed been of the greatest interest to me,"

"Ihre Fälle haben mich in der Tat sehr interessiert,"

I observed.

9.2

bemerkte ich.

"You will remember that I remarked the other day,
just before we went into the very simple problem
presented by Miss Mary Sutherland, that for strange
effects and extraordinary combinations we must go
to life itself, which is always far more daring than any
effort of the imagination."

10.1

"Sie werden sich erinnern, dass ich neulich, kurz bevor
wir uns mit dem sehr einfachen Problem von Miss Mary
Sutherland beschäftigten, bemerkte, dass wir für seltsame
Effekte und außergewöhnliche Kombinationen das Leben
selbst heranziehen müssen, was immer viel gewagter ist als
jede Anstrengung der Phantasie."

"A proposition which I took the liberty of doubting."

11.1

"Eine Behauptung, die ich mir erlaubt habe, zu
bezweifeln."

"You did, Doctor, but none the less you must come
round to my view, for otherwise I shall keep on piling
fact upon fact on you until your reason breaks down
under them and acknowledges me to be right.

12.1

"Sie haben es getan, Herr Doktor, aber trotzdem müssen
Sie sich meiner Meinung anschließen, denn sonst werde
ich Sie so lange mit Fakten über Fakten überhäufen, bis Ihr
Verstand darunter zusammenbricht und mir Recht gibt.

12.2 Now, Mr. Jabez Wilson here has been good enough to call upon me this morning, and to begin a narrative which promises to be one of the most singular which I have listened to for some time.

Nun, Herr Jabez Wilson hier war so freundlich, mich heute Morgen aufzusuchen und mit einer Erzählung zu beginnen, die eine der merkwürdigsten zu werden verspricht, die ich seit einiger Zeit zu hören bekommen habe.

12.3 You have heard me remark that the strangest and most unique things are very often connected not with the larger but with the smaller crimes, and occasionally, indeed, where there is room for doubt whether any positive crime has been committed.

Sie haben mich bemerken hören, dass die seltsamsten und einzigartigsten Dinge sehr oft nicht mit größeren, sondern mit kleineren Verbrechen verbunden sind, und gelegentlich sogar dort, wo Zweifel bestehen, ob überhaupt ein Verbrechen begangen wurde.

12.4 As far as I have heard, it is impossible for me to say whether the present case is an instance of crime or not, but the course of events is certainly among the most singular that I have ever listened to.

Soweit ich gehört habe, ist es mir unmöglich zu sagen, ob es sich bei dem vorliegenden Fall um ein Verbrechen handelt oder nicht, aber der Verlauf der Ereignisse gehört sicherlich zu den merkwürdigsten, die ich je gehört habe.

12.5 Perhaps, Mr. Wilson, you would have the great kindness to recommence your narrative.

Vielleicht, Herr Wilson, hätten Sie die große Freundlichkeit, Ihre Erzählung fortzusetzen.

I ask you not merely because my friend Dr. Watson has not heard the opening part but also because the peculiar nature of the story makes me anxious to have every possible detail from your lips.

12.6

Ich bitte Sie nicht nur, weil mein Freund Dr. Watson den ersten Teil noch nicht gehört hat, sondern auch, weil mich die Besonderheit der Geschichte dazu veranlasst, jede mögliche Einzelheit aus Ihrem Munde zu erfahren.

As a rule, when I have heard some slight indication of the course of events, I am able to guide myself by the thousands of other similar cases which occur to my memory.

12.7

In der Regel kann ich mich, wenn ich einen kleinen Hinweis auf den Ablauf der Ereignisse gehört habe, an den Tausenden von ähnlichen Fällen orientieren, die mir in den Sinn kommen.

In the present instance I am forced to admit that the facts are, to the best of my belief, unique."

12.8

Im vorliegenden Fall bin ich gezwungen zuzugeben, dass der Sachverhalt meines Erachtens einmalig ist."

The portly client puffed out his chest with an appearance of some little pride and pulled a dirty and wrinkled newspaper from the inside pocket of his greatcoat.

13.1

Der korpulente Kunde blähte seine Brust mit einem Anflug von ein wenig Stolz auf und zog eine schmutzige und zerknitterte Zeitung aus der Innentasche seines Mantels.

13.2 As he glanced down the advertisement column, with his head thrust forward and the paper flattened out upon his knee, I took a good look at the man and endeavoured, after the fashion of my companion, to read the indications which might be presented by his dress or appearance.

Während er mit vorgestrecktem Kopf und auf dem Knie liegender Zeitung die Anzeigenspalte hinunterschaute, betrachtete ich den Mann genau und versuchte, nach der Art meines Begleiters die Hinweise zu lesen, die sich aus seiner Kleidung oder seinem Aussehen ergeben könnten.

14.1 I did not gain very much, however, by my inspection.

Meine Inspektion brachte mir jedoch nicht viel.

14.2 Our visitor bore every mark of being an average commonplace British tradesman, obese, pompous, and slow.

Unser Besucher trug alle Merkmale eines durchschnittlichen britischen Gewerbetreibenden, fettleibig, pompös und langsam.

14.3 He wore rather baggy grey shepherd's check trousers, a not over-clean black frock-coat, unbuttoned in the front, and a drab waistcoat with a heavy brassy Albert chain, and a square pierced bit of metal dangling down as an ornament.

Er trug eine ziemlich ausgebeulte graue, karierte Hose, einen nicht allzu sauberen schwarzen Gehrock, der vorne aufgeknöpft war, und eine triste Weste mit einer schweren, messingfarbenen Albert-Kette und einem viereckigen, durchbrochenen Metallstück, das als Verzierung herunterhing.

A frayed top-hat and a faded brown overcoat with a wrinkled velvet collar lay upon a chair beside him.

14.4

Ein ausgefranster Zylinder und ein verblichener brauner Mantel mit zerknittertem Samtkragen lagen auf einem Stuhl neben ihm.

Altogether, look as I would, there was nothing remarkable about the man save his blazing red head, and the expression of extreme chagrin and discontent upon his features.

14.5

Alles in allem war an dem Mann nichts Bemerkenswertes zu sehen, abgesehen von seinem feuerroten Kopf und dem Ausdruck extremer Verärgerung und Unzufriedenheit auf seinen Zügen.

Sherlock Holmes'

15.1

Sherlock Holmes'

quick eye took in my occupation, and he shook his head with a smile as he noticed my questioning glances.

15.2

schneller Blick erfasste meine Beschäftigung, und er schüttelte lächelnd den Kopf, als er meine fragenden Blicke bemerkte.

"Beyond the obvious facts that he has at some time done manual labour, that he takes snuff, that he is a Freemason, that he has been in China, and that he has done a considerable amount of writing lately, I can deduce nothing else."

15.3

"Abgesehen von den offensichtlichen Tatsachen, dass er irgendwann einmal körperliche Arbeit verrichtet hat, dass er Schnupftabak nimmt, dass er Freimaurer ist, dass er in China gewesen ist und dass er in letzter Zeit viel geschrieben hat, kann ich nichts weiter ableiten."

16.1 Mr. Jabez Wilson started up in his chair, with his forefinger upon the paper, but his eyes upon my companion.

Mr. Jabez Wilson richtete sich in seinem Stuhl auf, den Zeigefinger auf dem Papier, aber den Blick auf meinen Begleiter gerichtet.

17.1 "How, in the name of good-fortune, did you know all that, Mr. Holmes?"

"Woher, um Himmels willen, wissen Sie das alles, Mr. Holmes?"

17.2 he asked.

fragte er.

17.3 "How did you know, for example, that I did manual labour.

"Woher wussten Sie zum Beispiel, dass ich handwerklich tätig war.

17.4 It's as true as gospel,

Das ist so wahr wie das Evangelium,

17.5 for I began as a ship's carpenter."

denn ich habe als Schiffszimmermann angefangen."

18.1 "Your hands, my dear sir.

"Ihre Hände, mein lieber Herr.

18.2 Your right hand is quite a size larger than your left.

Ihre rechte Hand ist eine ganze Ecke größer als die linke.

18.3 You have worked with it,

Sie haben mit ihr gearbeitet,

and the muscles are more developed."

18.4

und die Muskeln sind stärker entwickelt."

"Well, the snuff, then, and the Freemasonry?"

19.1

"Also, der Schnupftabak und die Freimaurerei?"

"I won't insult your intelligence by telling you how
I read that, especially as, rather against the strict
rules of your order, you use an arc-and-compass
breastpin."

20.1

"Ich werde Ihre Intelligenz nicht beleidigen, indem
ich Ihnen erzähle, wie ich das gelesen habe, zumal Sie
entgegen den strengen Regeln Ihres Ordens eine Brustnadel
mit Bogen und Kompass verwenden."

"Ah, of course, I forgot that. But the writing?"

21.1

"Ah, natürlich, das habe ich vergessen. Aber die Schrift?"

"What else can be indicated by that right cuff so very
shiny for five inches, and the left one with the smooth
patch near the elbow where you rest it upon the
desk?"

22.1

"Worauf deutet sonst die rechte Manschette hin, die fünf
Zentimeter lang so sehr glänzt, und die linke mit dem
glatten Fleck in der Nähe des Ellbogens, wo du sie auf den
Schreibtisch legst?"

"Well, but China?"

23.1

"Nun, aber China?"

"The fish that you have tattooed immediately above
your right wrist could only have been done in China.

24.1

"Der Fisch, den Sie direkt über Ihrem rechten Handgelenk
tätowiert haben, kann nur in China gemacht worden sein.

24.2 I have made a small study of tattoo marks and have even contributed to the literature of the subject.

Ich habe eine kleine Studie über Tätowierungszeichen gemacht und sogar einen Beitrag zur Literatur über dieses Thema geleistet.

24.3 That trick of staining the fishes' scales of a delicate pink is quite peculiar to China.

Der Trick, die Schuppen der Fische in einem zarten Rosa zu färben, ist eine Besonderheit Chinas.

24.4 When, in addition, I see a Chinese coin hanging from your watch-chain, the matter becomes even more simple."

Wenn ich dann auch noch eine chinesische Münze an Ihrer Uhrkette hängen sehe, wird die Sache noch einfacher."

25.1 Mr. Jabez Wilson laughed heavily. "Well, I never!"

Mr. Jabez Wilson lachte heftig. "Also, ich nicht!"

25.2 said he.

sagte er.

25.3 "I thought at first that you had done something clever, but I see that there was nothing in it after all."

"Zuerst dachte ich, Sie hätten etwas Gescheites gemacht, aber ich sehe, dass da gar nichts dran war."

26.1 "I begin to think, Watson," said Holmes,

"Ich beginne zu glauben, Watson," sagte Holmes,

26.2 "that I make a mistake in explaining.

"dass ich einen Fehler mache, wenn ich etwas erkläre.

'Omne ignotum pro magnifico,' you know, and my poor little reputation, such as it is, will suffer shipwreck if I am so candid.

26.3

Omne ignotum pro magnifico,' wissen Sie, und mein armer kleiner Ruf, so wie er ist, wird Schiffbruch erleiden, wenn ich so offen bin.

Can you not find the advertisement, Mr. Wilson?"

26.4

Können Sie die Anzeige nicht finden, Mr. Wilson?"

"Yes, I have got it now,"

27.1

"Ja, jetzt habe ich es,"

he answered with his thick red finger planted halfway down the column.

27.2

antwortete er mit seinem dicken roten Finger, der auf halber Höhe der Säule lag.

"Here it is. This is what began it all.

27.3

"Hier ist es. Damit hat alles angefangen.

You just read it for yourself, sir."

27.4

Lesen Sie es einfach selbst, Sir."

I took the paper from him and read as follows:

28.1

Ich nahm ihm das Papier ab und las es wie folgt:

"TO THE RED-HEADED LEAGUE:

29.1

"An die RED-HEADED LEAGUE:

29.2 On account of the bequest of the late Ezekiah Hopkins, of Lebanon, Pennsylvania, U.S.A., there is now another vacancy open which entitles a member of the League to a salary of £ 4 a week for purely nominal services.

Aufgrund des Vermächtnisses des verstorbenen Ezekiah Hopkins aus Lebanon, Pennsylvania, U.S.A., gibt es nun eine weitere freie Stelle, die ein Mitglied der Liga zu einem Gehalt von £ 4 pro Woche für rein nominelle Dienste berechtigt.

29.3 All red-headed men who are sound in body and mind and above the age of twenty-one years, are eligible.

Alle rothaarigen Männer, die körperlich und geistig gesund und über einundzwanzig Jahre alt sind, kommen in Frage.

29.4 Apply in person on Monday, at eleven o'clock, to Duncan Ross, at the offices of the League, 7 Pope's Court, Fleet Street."

Bewerben Sie sich persönlich am Montag um elf Uhr bei Duncan Ross, in den Büros der Liga, 7 Pope's Court, Fleet Street."

30.1 "What on earth does this mean?"

"Was in aller Welt bedeutet das?"

30.2 I ejaculated after I had twice read over the extraordinary announcement.

stieß ich aus, nachdem ich die außergewöhnliche Ankündigung zweimal gelesen hatte.

31.1 Holmes chuckled and wriggled in his chair, as was his habit when in high spirits.

Holmes gluckste und wackelte in seinem Stuhl, wie es seine Gewohnheit war, wenn er gut gelaunt war.

"It is a little off the beaten track, 31.2
"Es ist ein wenig abseits der ausgetretenen Pfade,

isn't it?" said he. 31.3
nicht wahr?" sagte er.

"And now, Mr. Wilson, off you go at scratch and tell 31.4
us all about yourself, your household, and the effect
which this advertisement had upon your fortunes.
"Und nun, Mr. Wilson, gehen Sie auf der Stelle und
erzählen Sie uns alles über sich, Ihren Haushalt und die
Auswirkungen, die diese Anzeige auf Ihr Vermögen hatte.

You will first make a note, Doctor, of the paper and 31.5
the date."
Notieren Sie sich zuerst die Zeitung und das Datum,
Doktor."

"It is The Morning Chronicle of April 27, 1890. 32.1
"Es ist der Morning Chronicle vom 27, April 1890.

Just two months ago." 32.2
Gerade mal zwei Monate her."

"Very good. Now, Mr. Wilson?" 33.1
"Sehr gut. Nun, Mr. Wilson?"

"Well, it is just as I have been telling you, Mr. 34.1
Sherlock Holmes,"
"Nun, es ist so, wie ich Ihnen gesagt habe, Mr. Sherlock
Holmes,"

said Jabez Wilson, mopping his forehead; 34.2
sagte Jabez Wilson und wischte sich über die Stirn:

34.3 "I have a small pawnbroker's business at Coburg Square,

"ich habe ein kleines Pfandleihgeschäft am Coburg Square,

34.4 near the City. It's not a very large affair,

in der Nähe der Stadt. Es ist nicht sehr groß,

34.5 and of late years it has not done more than just give me a living.

und in den letzten Jahren hat es mir nicht mehr als den Lebensunterhalt gesichert.

34.6 I used to be able to keep two assistants,

Früher konnte ich zwei Gehilfen halten,

34.7 but now I only keep one;

aber jetzt habe ich nur noch einen;

34.8 and I would have a job to pay him but that he is willing to come for half wages so as to learn the business."

und ich hätte eine Arbeit, um ihn zu bezahlen, aber er ist bereit, für einen halben Lohn zu kommen, um das Geschäft zu lernen."

35.1 "What is the name of this obliging youth?"

"Wie heißt dieser nette junge Mann?"

35.2 asked Sherlock Holmes.

fragte Sherlock Holmes.

36.1 "His name is Vincent Spaulding, and he's not such a youth, either.

"Sein Name ist Vincent Spaulding, und er ist auch nicht mehr der Jüngste.

It's hard to say his age. 36.2

Es ist schwer, sein Alter zu sagen.

I should not wish a smarter assistant, 36.3

Ich würde mir keinen klügeren Assistenten wünschen,

Mr. Holmes; 36.4

Mr. Holmes;

and I know very well that he could better himself and 36.5
earn twice what I am able to give him.

und ich weiß sehr wohl, dass er sich verbessern und das
Doppelte von dem verdienen könnte, was ich ihm geben
kann.

But, after all, if he is satisfied, why should I put ideas 36.6
in his head?"

Aber wenn er zufrieden ist, warum sollte ich ihm dann
Ideen in den Kopf setzen?"

"Why, indeed? 37.1

"Ja, warum?

You seem most fortunate in having an employé who 37.2
comes under the full market price.

Sie scheinen das große Glück zu haben, einen Angestellten
zu haben, der unter dem vollen Marktpreis liegt.

It is not a common experience among employers in 37.3
this age.

Das ist unter Arbeitgebern in diesem Zeitalter nicht üblich.

I don't know that your assistant is not as remarkable 37.4
as your advertisement."

Ich weiß nicht, ob Ihre Assistentin nicht genauso
bemerkenswert ist wie Ihre Anzeige."

38.1 "Oh, he has his faults, too," said Mr. Wilson.
"Oh, er hat auch seine Fehler," sagte Mr. Wilson.

38.2 "Never was such a fellow for photography.
"Er war noch nie so ein Freund der Fotografie.

38.3 Snapping away with a camera when he ought to be improving his mind, and then diving down into the cellar like a rabbit into its hole to develop his pictures.
Er knipst mit dem Fotoapparat, wenn er eigentlich seinen Verstand verbessern sollte, und dann taucht er in den Keller ab wie ein Kaninchen in sein Loch, um seine Bilder zu entwickeln.

38.4 That is his main fault,
Das ist sein Hauptfehler,

38.5 but on the whole he's a good worker.
aber im Großen und Ganzen ist er ein guter Arbeiter.

38.6 There's no vice in him."
Es gibt keine Laster in ihm."

39.1 "He is still with you, I presume?"
"Er ist immer noch bei Ihnen, nehme ich an?"

40.1 "Yes, sir. He and a girl of fourteen,
"Ja, Sir. Er und ein Mädchen von vierzehn Jahren,

40.2 who does a bit of simple cooking and keeps the place clean -
das ein wenig kocht und den Haushalt sauber hält -

that's all I have in the house, for I am a widower and never had any family. 40.3

das ist alles, was ich im Haus habe, denn ich bin Witwer und hatte nie eine Familie.

We live very quietly, sir, the three of us; 40.4

Wir leben sehr ruhig, Sir, wir drei;

and we keep a roof over our heads and pay our debts, 40.5

und wir haben ein Dach über dem Kopf und bezahlen unsere Schulden,

if we do nothing more. 40.6

wenn wir nichts anderes tun.

"The first thing that put us out was that advertisement. 41.1

"Das erste, was uns auf die Palme brachte, war diese Anzeige.

Spaulding, he came down into the office just this day eight weeks, with this very paper in his hand, and he says: 41.2

Spaulding kam heute vor acht Wochen ins Büro, mit genau dieser Zeitung in der Hand, und sagte: "Ich habe eine Anzeige aufgegeben:

"'I wish to the Lord, Mr. Wilson, that I was a red-headed man.' 42.1

"'Ich wünschte bei Gott, Mr. Wilson, ich wäre ein rothaariger Mann.'

"'Why that?' I asks. 43.1

"'Warum das?' frage ich.

44.1   "'Why,' says he,
"'Nun,' sagt er,

44.2   'here's another vacancy on the League of the Red-headed Men.
'hier ist noch eine Stelle in der Liga der rothaarigen Männer frei.

44.3   It's worth quite a little fortune to any man who gets it, and I understand that there are more vacancies than there are men, so that the trustees are at their wits' end what to do with the money.
Sie ist für jeden Mann, der sie bekommt, ein kleines Vermögen wert, und wie ich höre, gibt es mehr freie Stellen als Männer, so dass die Treuhänder nicht mehr wissen, was sie mit dem Geld anfangen sollen.

44.4   If my hair would only change colour, here's a nice little crib all ready for me to step into.'
Wenn mein Haar nur die Farbe wechseln würde, hier ist eine nette kleine Krippe, in die ich einsteigen kann.'

45.1   "'Why, what is it, then?' I asked.
"'Warum, was ist es dann?' fragte ich.

45.2   You see, Mr. Holmes, I am a very stay-at-home man, and as my business came to me instead of my having to go to it, I was often weeks on end without putting my foot over the door-mat.
Sehen Sie, Mr. Holmes, ich bin ein sehr häuslicher Mensch, und da meine Geschäfte zu mir kamen, anstatt dass ich zu ihnen gehen musste, war ich oft wochenlang unterwegs, ohne einen Fuß über die Fußmatte zu setzen.

In that way I didn't know much of what was going on outside, and I was always glad of a bit of news.   45.3

Auf diese Weise wusste ich nicht viel von dem, was draußen vor sich ging, und ich war immer froh über ein paar Neuigkeiten.

"'Have you never heard of the League of the Red-headed Men?'   46.1

"'Hast du noch nie von der Liga der Rothaarigen gehört?'

he asked with his eyes open.   46.2

fragte er mit offenen Augen.

"'Never.'   47.1

"'Niemals.'

"'Why, I wonder at that, for you are eligible yourself for one of the vacancies.'   48.1

"Das wundert mich, denn Sie selbst kommen für eine der freien Stellen in Frage."

"'And what are they worth?' I asked.   49.1

"'Und was sind sie wert?' fragte ich.

"'Oh, merely a couple of hundred a year, but the work is slight, and it need not interfere very much with one's other occupations.'   50.1

"'Oh, nur ein paar Hundert im Jahr, aber die Arbeit ist geringfügig, und sie muss nicht viel mit den anderen Beschäftigungen kollidieren.'

51.1 "Well, you can easily think that that made me prick up my ears, for the business has not been over good for some years, and an extra couple of hundred would have been very handy.

"Sie können sich denken, dass mich das hellhörig gemacht hat, denn das Geschäft läuft seit einigen Jahren nicht mehr so gut, und ein paar Hundert mehr wären sehr nützlich gewesen.

52.1 "'Tell me all about it,' said I.

"'Erzählen Sie mir alles darüber,' sagte ich.

53.1 "'Well,' said he, showing me the advertisement,

"'Nun,' sagte er und zeigte mir die Anzeige,

53.2 'you can see for yourself that the League has a vacancy, and there is the address where you should apply for particulars.

'Sie können selbst sehen, dass die Liga eine freie Stelle hat, und dort ist die Adresse, bei der Sie sich bewerben sollten, um Einzelheiten zu erfahren.

53.3 As far as I can make out, the League was founded by an American millionaire, Ezekiah Hopkins, who was very peculiar in his ways.

Soweit ich das beurteilen kann, wurde die Liga von einem amerikanischen Millionär, Ezekiah Hopkins, gegründet, der sehr eigenwillig war.

53.4 He was himself red-headed, and he had a great sympathy for all red-headed men;

Er war selbst rothaarig und hatte eine große Sympathie für alle rothaarigen Männer;

so, when he died, it was found that he had left his enormous fortune in the hands of trustees, with instructions to apply the interest to the providing of easy berths to men whose hair is of that colour.

53.5

als er starb, stellte sich heraus, dass er sein enormes Vermögen Treuhändern hinterlassen hatte, mit der Anweisung, die Zinsen für die Bereitstellung von einfachen Schlafplätzen für Männer mit dieser Haarfarbe zu verwenden.

From all I hear it is splendid pay and very little to do.'

53.6

Nach allem, was ich gehört habe, ist das eine ausgezeichnete Bezahlung und sehr wenig zu tun.'

"'But,' said I,

54.1

"'Aber,' sagte ich,

'there would be millions of red-headed men who would apply.'

54.2

'es gäbe Millionen von rothaarigen Männern, die sich bewerben würden.'

"'Not so many as you might think,' he answered.

55.1

"'Nicht so viele, wie Sie vielleicht denken,' antwortete er.

'You see it is really confined to Londoners, and to grown men.

55.2

Sie sehen, es ist wirklich auf Londoner beschränkt, und auf erwachsene Männer.

This American had started from London when he was young, and he wanted to do the old town a good turn.

55.3

Dieser Amerikaner war in jungen Jahren aus London gekommen und wollte der alten Stadt einen guten Dienst erweisen.

55.4 Then, again, I have heard it is no use your applying
if your hair is light red, or dark red, or anything but
real bright, blazing, fiery red.
Außerdem habe ich gehört, dass es nichts bringt, sich zu
bewerben, wenn Ihr Haar hellrot oder dunkelrot ist, oder
irgendetwas anderes als ein richtiges, leuchtendes, feuriges
Rot.

55.5 Now, if you cared to apply, Mr. Wilson, you would
just walk in;
Wenn Sie sich bewerben wollten, Mr. Wilson, würden Sie
einfach hineingehen;

55.6 but perhaps it would hardly be worth your while
to put yourself out of the way for the sake of a few
hundred pounds.'
aber vielleicht wäre es kaum der Mühe wert, sich für ein
paar hundert Pfund aus dem Weg zu gehen.'

56.1 "Now, it is a fact, gentlemen, as you may see for
yourselves, that my hair is of a very full and rich
tint, so that it seemed to me that if there was to be any
competition in the matter I stood as good a chance as
any man that I had ever met.
"Es ist eine Tatsache, meine Herren, wie Sie selbst sehen
können, dass mein Haar eine sehr volle und reiche Farbe
hat, so dass es mir schien, dass, wenn es einen Wettbewerb
in dieser Angelegenheit geben sollte, ich so gut wie jeder
Mann, den ich je getroffen habe, eine Chance hatte.

Vincent Spaulding seemed to know so much about it that I thought he might prove useful, so I just ordered him to put up the shutters for the day and to come right away with me.

56.2

Vincent Spaulding schien so viel darüber zu wissen, dass ich dachte, er könnte sich als nützlich erweisen, also befahl ich ihm einfach, die Fensterläden für den Tag hochzuziehen und sofort mit mir zu kommen.

He was very willing to have a holiday, so we shut the business up and started off for the address that was given us in the advertisement.

56.3

Er war sehr bereit, Urlaub zu machen, also schlossen wir das Geschäft und machten uns auf den Weg zu der Adresse, die uns in der Anzeige genannt worden war.

"I never hope to see such a sight as that again, Mr. Holmes.

57.1

"Ich hoffe, dass ich so einen Anblick nie wieder sehen werde, Mr. Holmes.

From north, south, east, and west every man who had a shade of red in his hair had tramped into the city to answer the advertisement.

57.2

Aus dem Norden, dem Süden, dem Osten und dem Westen war jeder Mann, der auch nur einen Hauch von Rot im Haar hatte, in die Stadt geströmt, um auf die Anzeige zu antworten.

Fleet Street was choked with red-headed folk,

57.3

Die Fleet Street war voll von rothaarigen Menschen,

and Pope's Court looked like a coster's orange barrow.

57.4

und Pope's Court sah aus wie ein orangefarbener Karren eines Kämmerers.

57.5 I should not have thought there were so many in the whole country as were brought together by that single advertisement.

Ich hätte nicht gedacht, dass es im ganzen Land so viele gab, wie durch diese eine Anzeige zusammengebracht wurden.

57.6 Every shade of colour they were -

Sie hatten alle möglichen Farben -

57.7 straw, lemon, orange, brick, Irish-setter, liver, clay;

Stroh, Zitrone, Orange, Ziegelstein, Irisch-Setter, Leber, Lehm;

57.8 but, as Spaulding said, there were not many who had the real vivid flame-coloured tint.

aber, wie Spaulding sagte, gab es nicht viele, die eine wirklich lebendige, flammende Färbung hatten.

57.9 When I saw how many were waiting, I would have given it up in despair; but Spaulding would not hear of it.

Als ich sah, wie viele darauf warteten, hätte ich verzweifelt aufgegeben, aber Spaulding wollte davon nichts wissen.

57.10 How he did it I could not imagine, but he pushed and pulled and butted until he got me through the crowd, and right up to the steps which led to the office.

Wie er es anstellte, konnte ich mir nicht vorstellen, aber er schob und zog und stieß, bis er mich durch die Menge und bis zu den Stufen, die zum Büro führten, gebracht hatte.

57.11 There was a double stream upon the stair, some going up in hope, and some coming back dejected;

Es gab einen doppelten Strom auf der Treppe, einige gingen hoffnungsvoll hinauf, andere kamen niedergeschlagen zurück;

but we wedged in as well as we could and soon found ourselves in the office."   57.12

aber wir verkeilten uns so gut es ging und befanden uns bald im Büro."

"Your experience has been a most entertaining one,"   58.1

"Sie haben eine sehr unterhaltsame Erfahrung gemacht,"

remarked Holmes as his client paused and refreshed his memory with a huge pinch of snuff.   58.2

bemerkte Holmes, als sein Klient eine Pause machte und sein Gedächtnis mit einer großen Prise Schnupftabak auffrischte.

"Pray continue your very interesting statement."   58.3

"Fahren Sie bitte mit Ihrer sehr interessanten Aussage fort."

"There was nothing in the office but a couple of wooden chairs and a deal table, behind which sat a small man with a head that was even redder than mine.   59.1

"In dem Büro gab es nichts außer ein paar Holzstühlen und einem Tisch, hinter dem ein kleiner Mann saß, dessen Kopf noch roter war als meiner.

He said a few words to each candidate as he came up, and then he always managed to find some fault in them which would disqualify them.   59.2

Er sagte ein paar Worte zu jedem Bewerber, wenn er auftauchte, und dann gelang es ihm immer, irgendeinen Fehler an ihm zu finden, der ihn disqualifizierte.

Getting a vacancy did not seem to be such a very easy matter,   59.3

Es schien also gar nicht so einfach zu sein,

59.4 **after all.**
eine freie Stelle zu bekommen.

59.5 **However, when our turn came the little man was much more favourable to me than to any of the others, and he closed the door as we entered, so that he might have a private word with us.**
Als wir an der Reihe waren, war der kleine Mann jedoch viel wohlwollender zu mir als zu den anderen, und er schloss die Tür, als wir eintraten, damit er mit uns unter vier Augen sprechen konnte.

60.1 **"'This is Mr. Jabez Wilson,' said my assistant,**
"Das ist Mr. Jabez Wilson," sagte mein Assistent,

60.2 **'and he is willing to fill a vacancy in the League.'**
"er ist bereit, eine freie Stelle in der Liga zu besetzen."

61.1 **"'And he is admirably suited for it,'**
"'Und er ist hervorragend dafür geeignet,'

61.2 **the other answered. 'He has every requirement.**
antwortete der andere. 'Er hat alle Voraussetzungen.

61.3 **I cannot recall when I have seen anything so fine.'**
Ich kann mich nicht erinnern, wann ich jemals etwas so Schönes gesehen habe.'

61.4 **He took a step backward, cocked his head on one side, and gazed at my hair until I felt quite bashful.**
Er trat einen Schritt zurück, legte den Kopf auf die Seite und betrachtete mein Haar, bis ich mich ganz schämte.

Then suddenly he plunged forward, wrung my hand, and congratulated me warmly on my success.

61.5

Dann stürzte er plötzlich vor, drückte mir die Hand und gratulierte mir herzlich zu meinem Erfolg.

"'It would be injustice to hesitate,' said he.

62.1

"Es wäre ungerecht, zu zögern," sagte er.

'You will, however, I am sure, excuse me for taking an obvious precaution.'

62.2

'Sie werden mir aber sicher verzeihen, dass ich eine naheliegende Vorsichtsmaßnahme treffe.'

With that he seized my hair in both his hands,

62.3

Damit packte er mein Haar mit beiden Händen und zog daran,

and tugged until I yelled with the pain.

62.4

bis ich vor Schmerz aufschrie.

'There is water in your eyes,' said he as he released me.

62.5

'Sie haben Wasser in den Augen,' sagte er, als er mich losließ.

'I perceive that all is as it should be.

62.6

'Ich sehe, dass alles so ist, wie es sein sollte.

But we have to be careful,

62.7

Aber wir müssen vorsichtig sein,

for we have twice been deceived by wigs and once by paint.

62.8

denn wir sind schon zweimal von Perücken und einmal von Farbe getäuscht worden.

62.9 I could tell you tales of cobbler's wax which would disgust you with human nature.'

Ich könnte dir Geschichten über Schusterwachs erzählen, die dich vor der menschlichen Natur anwidern würden.'

62.10 He stepped over to the window and shouted through it at the top of his voice that the vacancy was filled.

Er schritt zum Fenster und rief lauthals, dass die Stelle besetzt sei.

62.11 A groan of disappointment came up from below, and the folk all trooped away in different directions until there was not a red-head to be seen except my own and that of the manager.

Ein Stöhnen der Enttäuschung kam von unten herauf, und die Leute liefen alle in verschiedene Richtungen davon, bis kein einziger roter Kopf mehr zu sehen war, außer meinem und dem des Geschäftsführers.

63.1 "'My name,' said he, 'is Mr. Duncan Ross,

Mein Name," sagte er, "ist Mr. Duncan Ross,

63.2 and I am myself one of the pensioners upon the fund left by our noble benefactor.

und ich selbst bin einer der Rentner aus dem von unserem edlen Wohltäter hinterlassenen Fonds.

63.3 Are you a married man, Mr. Wilson?

Sind Sie ein verheirateter Mann, Mr. Wilson?

63.4 Have you a family?'

Haben Sie eine Familie?'

64.1 "I answered that I had not.

"Ich antwortete, dass ich das nicht getan habe.

"His face fell immediately. 65.1

"Sein Gesicht verfinsterte sich sofort.

"'Dear me!' he said gravely, 66.1

"Du liebe Zeit," sagte er ernst,

'that is very serious indeed! 66.2

"das ist wirklich sehr ernst!

I am sorry to hear you say that. 66.3

Es tut mir leid, Sie das sagen zu hören.

The fund was, of course, for the propagation 66.4
and spread of the red-heads as well as for their
maintenance.

Der Fonds war natürlich für die Vermehrung und
Verbreitung der Rotköpfe sowie für ihren Unterhalt
bestimmt.

It is exceedingly unfortunate that you should be a 66.5
bachelor.'

Es ist äußerst bedauerlich, dass Sie ein Junggeselle sind."

"My face lengthened at this, Mr. Holmes, for I 67.1
thought that I was not to have the vacancy after all;
but after thinking it over for a few minutes he said
that it would be all right.

"Ich machte ein langes Gesicht, Mr. Holmes, weil ich
dachte, dass ich die Stelle doch nicht bekommen würde,
aber nachdem ich ein paar Minuten darüber nachgedacht
hatte, sagte er, dass es in Ordnung sei.

"'In the case of another,' said he, 68.1

"Bei einem anderen," sagte er,

68.2 'the objection might be fatal,
"könnte der Einwand verhängnisvoll sein,

68.3 but we must stretch a point in favour of a man with such a head of hair as yours.
aber bei einem Mann mit einem solchen Haarschopf wie dem Ihren müssen wir einen Punkt zugunsten der Sache herausziehen.

68.4 When shall you be able to enter upon your new duties?'
Wann werden Sie Ihr neues Amt antreten können?"

69.1 "'Well, it is a little awkward, for I have a business already,'
"Nun, das ist ein wenig unangenehm, denn ich habe bereits ein Geschäft,"

69.2 said I.
sagte ich.

70.1 "'Oh, never mind about that, Mr. Wilson!'
"'Ach, das macht doch nichts, Mr. Wilson!'

70.2 said Vincent Spaulding.
sagte Vincent Spaulding.

70.3 'I should be able to look after that for you.'
'Das kann ich doch für Sie erledigen.'

71.1 "'What would be the hours?' I asked.
"'Wie viel Uhr ist es denn?' fragte ich.

72.1 "'Ten to two.'
"'Zehn zu zwei.'

"Now a pawnbroker's business is mostly done of an evening, Mr. Holmes, especially Thursday and Friday evening, which is just before pay-day; 73.1

"Das Geschäft eines Pfandleihers wird meistens abends erledigt, Mr. Holmes, vor allem am Donnerstag - und Freitagabend, also kurz vor dem Zahltag;

so it would suit me very well to earn a little in the mornings. 73.2

es würde mir also sehr gut passen, vormittags etwas zu verdienen.

Besides, I knew that my assistant was a good man, and that he would see to anything that turned up. 73.3

Außerdem wusste ich, dass mein Assistent ein guter Mann war und dass er sich um alles kümmern würde, was auftauchte.

"'That would suit me very well,' said I. 74.1

"'Das würde mir sehr gut passen,' sagte ich.

'And the pay?' 74.2

'Und die Bezahlung?'

"'Is £ 4 a week.' 75.1

"'Ist £ 4 pro Woche.'

"'And the work?' 76.1

"Und die Arbeit?"

"'Is purely nominal.' 77.1

"'Ist rein nominal.'

"'What do you call purely nominal?' 78.1

"Was nennen Sie rein nominal?"

79.1 " 'Well, you have to be in the office, or at least in the building, the whole time.
"Nun, Sie müssen die ganze Zeit im Büro oder zumindest im Gebäude sein.

79.2 If you leave, you forfeit your whole position forever.
Wenn du gehst, verlierst du deine ganze Stellung für immer.

79.3 The will is very clear upon that point.
Das Testament ist in diesem Punkt sehr klar.

79.4 You don't comply with the conditions if you budge from the office during that time.'
Sie erfüllen die Bedingungen nicht, wenn Sie sich während dieser Zeit vom Büro entfernen.'

80.1 " 'It's only four hours a day, and I should not think of leaving,'
"Es sind nur vier Stunden am Tag, und ich denke nicht daran, zu gehen,"

80.2 said I.
sagte ich.

81.1 " 'No excuse will avail,' said Mr. Duncan Ross;
"Keine Ausrede wird helfen," sagte Mr. Duncan Ross,

81.2 'neither sickness nor business nor anything else.
"weder Krankheit noch Geschäft noch sonst etwas.

81.3 There you must stay, or you lose your billet.'
Sie müssen dort bleiben, oder Sie verlieren Ihr Quartier.'

82.1 " 'And the work?'
"Und die Arbeit?"

"'Is to copy out the Encyclopædia Britannica. 83.1
"die Encyclopædia Britannica zu vervielfältigen.

There is the first volume of it in that press. 83.2
Es gibt den ersten Band davon in dieser Presse.

You must find your own ink, pens, and blotting- 83.3
paper, but we provide this table and chair.
Tinte, Stifte und Löschpapier müssen Sie selbst besorgen,
aber wir stellen Ihnen diesen Tisch und Stuhl zur
Verfügung.

Will you be ready to- morrow?' 83.4
Können Sie morgen fertig sein?"

"'Certainly,' I answered. 84.1
"Gewiss," antwortete ich.

"'Then, good-bye, Mr. Jabez Wilson, and let me 85.1
congratulate you once more on the important
position which you have been fortunate enough to
gain.'
"Dann auf Wiedersehen, Mr. Jabez Wilson, und lassen
Sie mich Ihnen noch einmal zu der wichtigen Position
gratulieren, die Sie mit viel Glück erlangt haben.'

He bowed me out of the room and I went home with 85.2
my assistant, hardly knowing what to say or do, I was
so pleased at my own good fortune.
Er verbeugte sich vor mir, und ich ging mit meinem
Assistenten nach Hause, wobei ich kaum wusste, was
ich sagen oder tun sollte, so sehr freute ich mich über mein
eigenes Glück.

86.1 "Well, I thought over the matter all day, and by evening I was in low spirits again;

"Nun, ich dachte den ganzen Tag über die Sache nach, und am Abend war ich wieder niedergeschlagen;

86.2 for I had quite persuaded myself that the whole affair must be some great hoax or fraud, though what its object might be I could not imagine.

denn ich war fest davon überzeugt, dass es sich bei der ganzen Angelegenheit um einen großen Schwindel oder Betrug handeln musste, obwohl ich mir nicht vorstellen konnte, was der Zweck sein könnte.

86.3 It seemed altogether past belief that anyone could make such a will,

Es schien mir völlig unglaubwürdig,

86.4 or that they would pay such a sum for doing anything so simple as copying out the Encyclopædia Britannica.

dass irgendjemand ein solches Testament machen könnte oder eine solche Summe für etwas so Einfaches wie das Abschreiben der Encyclopædia Britannica zahlen würde.

86.5 Vincent Spaulding did what he could to cheer me up, but by bedtime I had reasoned myself out of the whole thing.

Vincent Spaulding tat, was er konnte, um mich aufzumuntern, aber bis zum Schlafengehen hatte ich mir die ganze Sache aus dem Kopf geschlagen.

However, in the morning I determined to have a look at it anyhow, so I bought a penny bottle of ink, and with a quill-pen, and seven sheets of foolscap paper, I started off for Pope's Court. 86.6

Am nächsten Morgen beschloss ich, mir die Sache trotzdem anzusehen, kaufte ein Penny-Fläschchen mit Tinte und machte mich mit einem Federkiel und sieben Blatt Papier auf den Weg zum Pope's Court.

"Well, to my surprise and delight, everything was as right as possible. 87.1

"Nun, zu meiner Überraschung und Freude war alles so gut wie möglich.

The table was set out ready for me, and Mr. Duncan Ross was there to see that I got fairly to work. 87.2

Der Tisch war für mich gedeckt, und Mr. Duncan Ross sorgte dafür, dass ich mich an die Arbeit machen konnte.

He started me off upon the letter A, and then he left me; 87.3

Er fing mit dem Buchstaben A an und verließ mich dann;

but he would drop in from time to time to see that all was right with me. 87.4

aber er kam von Zeit zu Zeit vorbei, um sich zu vergewissern, dass alles in Ordnung war mit mir.

At two o'clock he bade me good-day, complimented me upon the amount that I had written, and locked the door of the office after me. 87.5

Um zwei Uhr verabschiedete er sich von mir, beglückwünschte mich zu dem Betrag, den ich geschrieben hatte, und schloss die Tür des Büros hinter mir ab.

88.1 "This went on day after day, Mr. Holmes, and on Saturday the manager came in and planked down four golden sovereigns for my week's work.

"Das ging Tag für Tag so weiter, Mr. Holmes, und am Samstag kam der Manager herein und legte vier goldene Sovereigns für meine Wochenarbeit auf den Tisch.

88.2 It was the same next week,

In der nächsten Woche war es genauso,

88.3 and the same the week after.

und in der Woche danach auch.

88.4 Every morning I was there at ten,

Jeden Morgen war ich um zehn Uhr da,

88.5 and every afternoon I left at two.

und jeden Nachmittag ging ich um zwei Uhr.

88.6 By degrees Mr. Duncan Ross took to coming in only once of a morning, and then, after a time, he did not come in at all.

Mit der Zeit kam Mr. Duncan Ross nur noch einmal am Morgen, und nach einiger Zeit kam er überhaupt nicht mehr.

88.7 Still, of course, I never dared to leave the room for an instant, for I was not sure when he might come, and the billet was such a good one, and suited me so well, that I would not risk the loss of it.

Trotzdem wagte ich es natürlich nicht, das Zimmer auch nur einen Augenblick zu verlassen, denn ich war nicht sicher, wann er kommen würde, und das Quartier war so gut und passte mir so gut, dass ich nicht riskieren wollte, es zu verlieren.

"Eight weeks passed away like this, and I had 89.1
written about Abbots and Archery and Armour and
Architecture and Attica, and hoped with diligence
that I might get on to the B's before very long.
"Acht Wochen vergingen auf diese Weise, und ich hatte
über Äbte und Bogenschießen und Rüstungen und
Architektur und Attika geschrieben und hoffte inständig,
dass ich bald zu den B's kommen würde.

It cost me something in foolscap, 89.2
Es kostete mich etwas in Narrenkappe,

and I had pretty nearly filled a shelf with my 89.3
writings.
und ich hatte fast ein ganzes Regal mit meinen Schriften
gefüllt.

And then suddenly the whole business came to an 89.4
end."
Und dann war die ganze Sache plötzlich zu Ende."

"To an end?" 90.1
"Zu einem Ende?"

"Yes, sir. And no later than this morning. 91.1
"Ja, Sir. Und nicht später als heute Morgen.

I went to my work as usual at ten o'clock, but the door 91.2
was shut and locked, with a little square of cardboard
hammered on to the middle of the panel with a tack.
Ich bin wie üblich um zehn Uhr zur Arbeit gegangen, aber
die Tür war verschlossen und verriegelt, mit einem kleinen
Pappquadrat, das mit einer Reißzwecke in die Mitte der
Platte gehämmert war.

91.3 Here it is, and you can read for yourself."

Hier ist es, und Sie können es selbst lesen."

92.1 He held up a piece of white cardboard about the size of a sheet of note-paper.

Er hielt ein weißes Stück Pappe hoch, das etwa so groß war wie ein Blatt Papier.

92.2 It read in this fashion:

Die Aufschrift lautete wie folgt:

93.1 "THE RED-HEADED LEAGUE IS DISSOLVED. October 9, 1890."

"DIE ROTHAARIGE LIGA WIRD AUFGELÖST. 9. Oktober 1890."

94.1 Sherlock Holmes and I surveyed this curt announcement and the rueful face behind it, until the comical side of the affair so completely overtopped every other consideration that we both burst out into a roar of laughter.

Sherlock Holmes und ich betrachteten diese knappe Ankündigung und das reumütige Gesicht dahinter, bis die komische Seite der Angelegenheit alle anderen Überlegungen so sehr überlagerte, dass wir beide in schallendes Gelächter ausbrachen.

95.1 "I cannot see that there is anything very funny,"

"Ich kann nicht erkennen, dass es da etwas zu lachen gibt,"

95.2 cried our client,

rief unser Kunde,

95.3 flushing up to the roots of his flaming head.

der bis zu den Wurzeln seines flammenden Kopfes errötete.

"If you can do nothing better than laugh at me, I can go elsewhere."

95.4

"Wenn Sie nichts Besseres zu tun haben, als über mich zu lachen, kann ich auch woanders hingehen."

"No, no," cried Holmes,

96.1

"Nein, nein," rief Holmes und stieß ihn zurück in den Stuhl,

shoving him back into the chair from which he had half risen.

96.2

von dem er sich halb erhoben hatte.

"I really wouldn't miss your case for the world.

96.3

"Ich würde Ihren Fall wirklich um nichts in der Welt missen wollen.

It is most refreshingly unusual.

96.4

Er ist höchst erfrischend ungewöhnlich.

But there is, if you will excuse my saying so, something just a little funny about it.

96.5

Aber mit Verlaub, es ist schon ein bisschen komisch, wenn ich das so sagen darf.

Pray what steps did you take when you found the card upon the door?"

96.6

Welche Schritte haben Sie unternommen, als Sie die Karte an der Tür fanden?"

"I was staggered, sir.

97.1

"Ich war fassungslos, Sir.

I did not know what to do.

97.2

Ich wusste nicht, was ich tun sollte.

97.3 Then I called at the offices round,
Dann rief ich in den umliegenden Büros an,

97.4 but none of them seemed to know anything about it.
aber keiner schien etwas davon zu wissen.

97.5 Finally, I went to the landlord, who is an accountant living on the ground floor, and I asked him if he could tell me what had become of the Red-headed League.
Schließlich ging ich zum Vermieter, einem Buchhalter, der im Erdgeschoss wohnt, und fragte ihn, ob er mir sagen könne, was aus der Red-headed League geworden sei.

97.6 He said that he had never heard of any such body.
Er sagte, er habe noch nie etwas von einer solchen Organisation gehört.

97.7 Then I asked him who Mr. Duncan Ross was.
Dann fragte ich ihn, wer Mr. Duncan Ross sei.

97.8 He answered that the name was new to him.
Er antwortete, der Name sei ihm neu.

98.1 "'Well,' said I, 'the gentleman at No. 4.'
"'Nun,' sagte ich, 'der Herr in Nr. 4.'

99.1 "'What, the red-headed man?'
"'Was, der rothaarige Mann?'

100.1 "'Yes.'
"'Ja.'

101.1 "'Oh,' said he, 'his name was William Morris.
"Oh," sagte er, "sein Name war William Morris.

He was a solicitor and was using my room as a temporary convenience until his new premises were ready.

101.2

Er war Anwalt und hat mein Zimmer vorübergehend benutzt, bis seine neuen Räumlichkeiten fertig waren.

He moved out yesterday.'

101.3

Er ist gestern ausgezogen."

"'Where could I find him?'

102.1

"'Wo kann ich ihn finden?'

"'Oh, at his new offices. He did tell me the address.

103.1

"Oh, in seinem neuen Büro. Er hat mir die Adresse gesagt.

Yes, 17 King Edward Street, near St. Paul's.'

103.2

Ja, 17 King Edward Street, nahe St. Paul's.'

"I started off, Mr. Holmes, but when I got to that address it was a manufactory of artificial knee-caps, and no one in it had ever heard of either Mr. William Morris or Mr. Duncan Ross."

104.1

"Ich habe mich auf den Weg gemacht, Mr. Holmes, aber als ich bei der Adresse ankam, war es eine Manufaktur für künstliche Kniescheiben, und niemand dort hatte je von Mr. William Morris oder Mr. Duncan Ross gehört."

"And what did you do then?" asked Holmes.

105.1

"Und was haben Sie dann getan?" fragte Holmes.

"I went home to Saxe-Coburg Square, and I took the advice of my assistant.

106.1

"Ich ging nach Hause zum Sächsischen Platz und holte mir den Rat meines Assistenten.

142

106.2 **But he could not help me in any way.**
Aber er konnte mir in keiner Weise helfen.

106.3 **He could only say that if I waited I should hear by post.**
Er konnte nur sagen, dass ich, wenn ich warten würde, mit der Post etwas hören würde.

106.4 **But that was not quite good enough, Mr. Holmes.**
Aber das war nicht gut genug, Mr. Holmes.

106.5 **I did not wish to lose such a place without a struggle, so, as I had heard that you were good enough to give advice to poor folk who were in need of it, I came right away to you."**
Ich wollte eine solche Stelle nicht kampflos verlieren, und da ich gehört hatte, dass Sie so gut sind, armen Leuten, die es nötig haben, Ratschläge zu geben, kam ich sofort zu Ihnen."

107.1 **"And you did very wisely," said Holmes.**
"Und das war sehr klug," sagte Holmes.

107.2 **"Your case is an exceedingly remarkable one,**
"Ihr Fall ist äußerst bemerkenswert,

107.3 **and I shall be happy to look into it.**
und ich werde ihn mir gerne ansehen.

107.4 **From what you have told me I think that it is possible that graver issues hang from it than might at first sight appear."**
Nach dem, was Sie mir erzählt haben, halte ich es für möglich, dass er schwerwiegendere Fragen aufwirft, als es auf den ersten Blick scheint."

"Grave enough!" said Mr. Jabez Wilson. 108.1

"Ernst genug!" sagte Mr. Jabez Wilson.

"Why, I have lost four pound a week." 108.2

"Ich habe vier Pfund pro Woche verloren."

"As far as you are personally concerned," remarked 109.1
Holmes,

"Soweit es Sie persönlich betrifft," bemerkte Holmes,

"I do not see that you have any grievance against this 109.2
extraordinary league.

"sehe ich nicht, dass Sie etwas gegen diese
außergewöhnliche Liga einzuwenden haben.

On the contrary, you are, as I understand, richer by 109.3
some £ 30, to say nothing of the minute knowledge
which you have gained on every subject which comes
under the letter A. You have lost nothing by them."

Im Gegenteil, Sie sind, wie ich höre, um etwa 30 Pfund
reicher geworden, ganz zu schweigen von den detaillierten
Kenntnissen, die Sie auf jedem Gebiet erworben haben, das
unter dem Buchstaben A auftaucht, und Sie haben dadurch
nichts verloren."

"No, sir. 110.1

"Nein, Sir.

But I want to find out about them, and who they are, 110.2
and what their object was in playing this prank -

Aber ich möchte herausfinden, wer sie sind und was sie mit
diesem Streich bezweckten -

if it was a prank - upon me. 110.3

wenn es denn ein Streich war - .

144

110.4 It was a pretty expensive joke for them,
Es war ein ziemlich teurer Scherz für sie,

110.5 for it cost them two and thirty pounds."
denn er kostete sie zweiunddreißig Pfund."

111.1 "We shall endeavour to clear up these points for you.
"Wir werden versuchen, diese Punkte für Sie zu klären.

111.2 And, first, one or two questions, Mr. Wilson.
Und zunächst noch ein oder zwei Fragen, Herr Wilson.

111.3 This assistant of yours who first called your attention
to the advertisement -
Ihr Assistent, der Sie zuerst auf die Anzeige aufmerksam
gemacht hat -

111.4 how long had he been with you?"
wie lange arbeitet er schon bei Ihnen?"

112.1 "About a month then."
"Dann etwa einen Monat."

113.1 "How did he come?"
"Wie ist er gekommen?"

114.1 "In answer to an advertisement."
"Als Antwort auf eine Anzeige."

115.1 "Was he the only applicant?"
"War er der einzige Bewerber?"

"No, I had a dozen."   116.1
"Nein, ich hatte ein Dutzend."

"Why did you pick him?"   117.1
"Warum haben Sie ihn ausgewählt?"

"Because he was handy and would come cheap."   118.1
"Weil er praktisch war und billig zu haben."

"At half wages, in fact."   119.1
"Und zwar zum halben Lohn."

"Yes."   120.1
"Ja."

"What is he like, this Vincent Spaulding?"   121.1
"Wie ist er denn so, dieser Vincent Spaulding?"

"Small, stout-built, very quick in his ways, no hair on   122.1
his face, though he's not short of thirty.
"Klein, kräftig gebaut, sehr flink, keine Haare im Gesicht,
obwohl er nicht unter dreißig ist.

Has a white splash of acid upon his forehead."   122.2
Hat einen weißen Säurespritzer auf der Stirn."

Holmes sat up in his chair in considerable   123.1
excitement.
Holmes setzte sich in seinem Stuhl auf und war sehr
aufgeregt.

"I thought as much," said he.   123.2
"Das habe ich mir schon gedacht," sagte er.

123.3 "Have you ever observed that his ears are pierced for earrings?"

"Haben Sie jemals bemerkt, dass er Ohrringe trägt?"

124.1 "Yes, sir.

"Ja, Sir.

124.2 He told me that a gipsy had done it for him when he was a lad."

Er erzählte mir, dass eine Zigeunerin es für ihn getan hatte, als er ein Junge war."

125.1 "Hum!" said Holmes, sinking back in deep thought.

"Hm!" sagte Holmes und sank in tiefe Gedanken zurück.

125.2 "He is still with you?"

"Er ist immer noch bei Ihnen?"

126.1 "Oh, yes, sir; I have only just left him."

"Oh ja, Sir; ich habe ihn gerade erst verlassen."

127.1 "And has your business been attended to in your absence?"

"Und hat man sich in Ihrer Abwesenheit um Ihre Angelegenheiten gekümmert?"

128.1 "Nothing to complain of, sir.

"Nichts zu beklagen, Sir.

128.2 There's never very much to do of a morning."

An einem Morgen gibt es nie viel zu tun."

129.1 "That will do, Mr. Wilson.

"Das genügt, Mr. Wilson.

I shall be happy to give you an opinion upon the subject in the course of a day or two.

129.2

Ich bin gerne bereit, Ihnen im Laufe von ein oder zwei Tagen eine Stellungnahme zu diesem Thema abzugeben.

To-day is Saturday, and I hope that by Monday we may come to a conclusion."

129.3

Heute ist Samstag, und ich hoffe, dass wir bis Montag zu einem Ergebnis kommen werden."

"Well, Watson,"

130.1

"Nun, Watson,"

said Holmes when our visitor had left us,

130.2

sagte Holmes, als unser Besucher uns verlassen hatte,

"what do you make of it all?"

130.3

"was halten Sie von all dem?"

"I make nothing of it," I answered frankly.

131.1

"Ich mache mir nichts daraus," antwortete ich freimütig.

"It is a most mysterious business."

131.2

"Es ist eine sehr mysteriöse Angelegenheit."

"As a rule," said Holmes, "the more bizarre a thing is the less mysterious it proves to be.

132.1

"Je bizarrer eine Sache ist, desto weniger rätselhaft ist sie in der Regel," sagte Holmes.

It is your commonplace, featureless crimes which are really puzzling, just as a commonplace face is the most difficult to identify.

132.2

Es sind Ihre alltäglichen, unscheinbaren Verbrechen, die wirklich rätselhaft sind, so wie ein alltägliches Gesicht am schwierigsten zu identifizieren ist.

132.3 But I must be prompt over this matter."

Aber ich muss in dieser Angelegenheit schnell sein."

133.1 "What are you going to do, then?" I asked.

"Was werden Sie also tun?" fragte ich.

134.1 "To smoke," he answered.

"Um zu rauchen," antwortete er.

134.2 "It is quite a three pipe problem, and I beg that you won't speak to me for fifty minutes."

"Es ist ein ziemliches Drei-Pfeifen-Problem, und ich bitte Sie, fünfzig Minuten lang nicht mit mir zu sprechen."

134.3 He curled himself up in his chair, with his thin knees drawn up to his hawk-like nose, and there he sat with his eyes closed and his black clay pipe thrusting out like the bill of some strange bird.

Er rollte sich in seinem Stuhl zusammen, zog die dünnen Knie bis zu seiner falkenähnlichen Nase hoch und saß dort mit geschlossenen Augen und seiner schwarzen Tonpfeife, die wie der Schnabel eines seltsamen Vogels aus dem Boden ragte.

134.4 I had come to the conclusion that he had dropped asleep, and indeed was nodding myself, when he suddenly sprang out of his chair with the gesture of a man who has made up his mind and put his pipe down upon the mantelpiece.

Ich war zu dem Schluss gekommen, dass er eingeschlafen war, und nickte auch gerade ein, als er plötzlich mit der Geste eines Mannes, der sich entschieden hat, aus seinem Stuhl aufsprang und seine Pfeife auf dem Kaminsims ablegte.

"Sarasate plays at the St. James's Hall this afternoon," 135.1
"Sarasate spielt heute Nachmittag in der St. James's Hall,"

he remarked. "What do you think, Watson? 135.2
bemerkte er. "Was halten Sie davon, Watson?

Could your patients spare you for a few hours?" 135.3
Könnten Ihre Patienten Sie für ein paar Stunden
entbehren?"

"I have nothing to do to-day. 136.1
"Ich habe heute nichts zu tun.

My practice is never very absorbing." 136.2
Meine Praxis ist nie sehr fesselnd."

"Then put on your hat and come. 137.1
"Dann setz deinen Hut auf und komm.

I am going through the City first, 137.2
Ich fahre zuerst durch die Stadt,

and we can have some lunch on the way. 137.3
und wir können unterwegs etwas zu Mittag essen.

I observe that there is a good deal of German music 137.4
on the programme, which is rather more to my taste
than Italian or French.
Ich stelle fest, dass viel deutsche Musik auf dem Programm
steht, was meinem Geschmack eher entspricht als
italienische oder französische.

It is introspective, and I want to introspect. 137.5
Sie ist introspektiv, und ich will introspektiv sein.

137.6 **Come along!"**
Kommen Sie mit!"

138.1 **We travelled by the Underground as far as Aldersgate; and a short walk took us to Saxe-Coburg Square, the scene of the singular story which we had listened to in the morning.**
Wir fuhren mit der U-Bahn bis Aldersgate, und ein kurzer Spaziergang brachte uns zum Saxe-Coburg Square, dem Schauplatz der seltsamen Geschichte, die wir am Morgen gehört hatten.

138.2 **It was a poky, little, shabby-genteel place, where four lines of dingy two-storied brick houses looked out into a small railed-in enclosure, where a lawn of weedy grass and a few clumps of faded laurel bushes made a hard fight against a smoke-laden and uncongenial atmosphere.**
Es war ein schäbiger, kleiner Platz, an dem vier Reihen schmuddeliger, zweistöckiger Backsteinhäuser auf einen kleinen umzäunten Bereich hinausblickten, in dem ein Rasen mit Unkraut und ein paar Büschel verblühter Lorbeerbüsche einen harten Kampf gegen die rauchgeschwängerte und ungemütliche Atmosphäre führten.

138.3 **Three gilt balls and a brown board with**
Drei vergoldete Kugeln und eine braune Tafel mit der Aufschrift

138.4 **"JABEZ WILSON"**
"JABEZ WILSON"

in white letters, upon a corner house, announced
the place where our red-headed client carried on his
business.

138.5

in weißen Buchstaben an einem Eckhaus kündigten den
Ort an, an dem unser rothaariger Kunde sein Geschäft
betrieb.

Sherlock Holmes stopped in front of it with his head
on one side and looked it all over,

138.6

Sherlock Holmes blieb davor stehen,

with his eyes shining brightly between puckered lids.

138.7

legte den Kopf zur Seite und betrachtete alles mit
leuchtenden Augen zwischen zusammengekniffenen
Lidern.

Then he walked slowly up the street, and then down
again to the corner, still looking keenly at the houses.

138.8

Dann ging er langsam die Straße hinauf und dann wieder
hinunter bis zur Ecke, wobei er sich die Häuser immer
noch genau ansah.

Finally he returned to the pawnbroker's, and, having
thumped vigorously upon the pavement with his
stick two or three times, he went up to the door and
knocked.

138.9

Schließlich kehrte er zum Pfandhaus zurück, klopfte zwei -
oder dreimal kräftig mit seinem Stock auf das Pflaster, ging
zur Tür und klopfte an.

It was instantly opened by a bright-looking, clean-
shaven young fellow, who asked him to step in.

138.10

Sofort wurde sie von einem gut aussehenden, glatt
rasierten jungen Mann geöffnet, der ihn bat, einzutreten.

"Thank you," said Holmes,

139.1

"Danke," sagte Holmes,

139.2 "I only wished to ask you how you would go from
here to the Strand."
"ich wollte Sie nur fragen, wie Sie von hier zum Strand
kommen."

140.1 "Third right, fourth left,"
"Dritte rechts, vierte links,"

140.2 answered the assistant promptly, closing the door.
antwortete der Assistent prompt und schloss die Tür.

141.1 "Smart fellow, that," observed Holmes as we walked
away.
"Ein kluger Bursche," bemerkte Holmes, als wir
weggingen.

141.2 "He is, in my judgment, the fourth smartest man in
London, and for daring I am not sure that he has not
a claim to be third.
"Meiner Meinung nach ist er der viertklügste Mann in
London, und was die Kühnheit angeht, bin ich mir nicht
sicher, ob er nicht Anspruch auf den dritten Platz hat.

141.3 I have known something of him before."
Ich habe schon einmal etwas von ihm gehört."

142.1 "Evidently," said I,
"Offensichtlich," sagte ich,

142.2 "Mr. Wilson's assistant counts for a good deal in this
mystery of the Red-headed League.
"spielt Mr. Wilsons Assistent eine große Rolle in diesem
Geheimnis der Rotkopf-Liga.

I am sure that you inquired your way merely in order that you might see him."

142.3

Ich bin sicher, dass Sie sich nur deshalb hierher begeben haben, um ihn zu sehen."

"Not him."

143.1

"Nicht er."

"What then?"

144.1

"Was dann?"

"The knees of his trousers."

145.1

"Die Knie seiner Hose."

"And what did you see?"

146.1

"Und was haben Sie gesehen?"

"What I expected to see."

147.1

"Was ich zu sehen erwartet habe."

"Why did you beat the pavement?"

148.1

"Warum hast du auf den Bürgersteig geschlagen?"

"My dear doctor, this is a time for observation, not for talk.

149.1

"Mein lieber Doktor, dies ist eine Zeit der Beobachtung, nicht des Gesprächs.

We are spies in an enemy's country.

149.2

Wir sind Spione in einem feindlichen Land.

We know something of Saxe-Coburg Square.

149.3

Wir wissen etwas über den Platz von Sachsen-Coburg.

149.4 **Let us now explore the parts which lie behind it. "**
Lassen Sie uns nun die dahinter liegenden Teile erkunden. "

150.1 **The road in which we found ourselves as we turned round the corner from the retired Saxe-Coburg Square presented as great a contrast to it as the front of a picture does to the back.**
Die Straße, in der wir uns befanden, als wir um die Ecke des pensionierten Sachsen-Coburg-Platzes bogen, bildete dazu einen so großen Kontrast wie die Vorderseite eines Bildes zu seiner Rückseite.

150.2 **It was one of the main arteries which conveyed the traffic of the City to the north and west.**
Es war eine der Hauptverkehrsadern, die den Verkehr der Stadt nach Norden und Westen leiteten.

150.3 **The roadway was blocked with the immense stream of commerce flowing in a double tide inward and outward, while the footpaths were black with the hurrying swarm of pedestrians.**
Die Fahrbahn war mit dem immensen Strom des Handels verstopft, der in einer doppelten Flut nach innen und außen strömte, während die Gehwege schwarz waren von dem eiligen Gewimmel der Fußgänger.

150.4 **It was difficult to realise as we looked at the line of fine shops and stately business premises that they really abutted on the other side upon the faded and stagnant square which we had just quitted.**
Es war schwer zu begreifen, als wir die Reihe feiner Läden und stattlicher Geschäftshäuser betrachteten, dass sie tatsächlich auf der anderen Seite an den verblassten und stagnierenden Platz grenzten, den wir gerade verlassen hatten.

"Let me see, "   151.1
"Mal sehen, "

said Holmes, standing at the corner and glancing   151.2
along the line,
sagte Holmes, als er an der Ecke stand und einen Blick auf
die Straße warf,

"I should like just to remember the order of the   151.3
houses here.
"ich möchte mir nur die Reihenfolge der Häuser hier
merken.

It is a hobby of mine to have an exact knowledge of   151.4
London.
Es ist ein Hobby von mir, mich in London genau
auszukennen.

There is Mortimer's, the tobacconist, the little   151.5
newspaper shop, the Coburg branch of the City and
Suburban Bank, the Vegetarian Restaurant, and
McFarlane's carriage-building depot.
Da gibt es Mortimer's, den Tabakladen, den kleinen
Zeitungsladen, die Coburger Filiale der City and Suburban
Bank, das Vegetarian Restaurant und McFarlane's Carriage
Building Depot.

That carries us right on to the other block.   151.6
Das bringt uns direkt zum anderen Block.

And now, Doctor, we've done our work, so it's time   151.7
we had some play.
Und jetzt, Herr Doktor, haben wir unsere Arbeit getan, also
wird es Zeit, dass wir ein bisschen spielen.

151.8 A sandwich and a cup of coffee, and then off to violin-land, where all is sweetness and delicacy and harmony, and there are no red-headed clients to vex us with their conundrums."

Ein Sandwich und eine Tasse Kaffee, und dann ab ins Geigenland, wo alles süß und zart und harmonisch ist und wo es keine rothaarigen Kunden gibt, die uns mit ihren Rätseln belästigen."

152.1 My friend was an enthusiastic musician, being himself not only a very capable performer but a composer of no ordinary merit.

Mein Freund war ein begeisterter Musiker, der nicht nur ein sehr fähiger Interpret, sondern auch ein Komponist von nicht geringem Verdienst war.

152.2 All the afternoon he sat in the stalls wrapped in the most perfect happiness, gently waving his long, thin fingers in time to the music, while his gently smiling face and his languid, dreamy eyes were as unlike those of Holmes the sleuth-hound, Holmes the relentless, keen-witted, ready-handed criminal agent, as it was possible to conceive.

Den ganzen Nachmittag über saß er im Parkett, in vollkommenes Glück gehüllt, und bewegte sanft seine langen, dünnen Finger im Takt der Musik, während sein sanft lächelndes Gesicht und seine trägen, verträumten Augen denen des Spürhundes Holmes, des unerbittlichen, scharfsinnigen, schlagfertigen Kriminalbeamten, so unähnlich waren, wie man es sich nur vorstellen kann.

In his singular character the dual nature alternately
asserted itself, and his extreme exactness and
astuteness represented, as I have often thought, the
reaction against the poetic and contemplative mood
which occasionally predominated in him. 152.3

In seinem einzigartigen Charakter setzte sich die
Doppelnatur abwechselnd durch, und seine extreme
Genauigkeit und sein Scharfsinn stellten, wie ich oft
dachte, die Reaktion auf die poetische und kontemplative
Stimmung dar, die gelegentlich in ihm vorherrschte.

The swing of his nature took him from extreme
languor to devouring energy; 152.4

Der Schwung seines Wesens führte ihn von extremer
Trägheit zu verzehrender Energie;

and, as I knew well, he was never so truly formidable
as when, for days on end, he had been lounging in
his armchair amid his improvisations and his black-
letter editions. 152.5

und, wie ich gut wusste, war er nie so wirklich
furchterregend, als wenn er tagelang in seinem
Sessel inmitten seiner Improvisationen und seiner
Schwarzschrift-Ausgaben lag.

Then it was that the lust of the chase would suddenly
come upon him, and that his brilliant reasoning
power would rise to the level of intuition, until those
who were unacquainted with his methods would look
askance at him as on a man whose knowledge was not
that of other mortals. 152.6

Dann überkam ihn plötzlich die Lust an der Jagd, und
sein brillantes Denkvermögen stieg auf die Ebene der
Intuition, bis diejenigen, die mit seinen Methoden nicht
vertraut waren, ihn fragend ansahen wie einen Mann,
dessen Wissen nicht dem anderer Sterblicher entsprach.

152.7 When I saw him that afternoon so enwrapped in the music at St. James's Hall I felt that an evil time might be coming upon those whom he had set himself to hunt down.

Als ich ihn an jenem Nachmittag in der St. James's Hall so in die Musik vertieft sah, hatte ich das Gefühl, dass eine böse Zeit über diejenigen hereinbrechen könnte, die er zur Strecke bringen wollte.

153.1 "You want to go home, no doubt, Doctor,"

"Sie wollen sicher nach Hause, Doktor,"

153.2 he remarked as we emerged.

sagte er, als wir auftauchten.

154.1 "Yes, it would be as well."

"Ja, das wäre es auch."

155.1 "And I have some business to do which will take some hours.

"Und ich habe etwas zu erledigen, was einige Stunden dauern wird.

155.2 This business at Coburg Square is serious."

Die Sache am Coburger Platz ist ernst."

156.1 "Why serious?"

"Warum ernsthaft?"

157.1 "A considerable crime is in contemplation.

"Es ist ein großes Verbrechen geplant.

I have every reason to believe that we shall be in time
to stop it.
157.2
Ich habe allen Grund zu der Annahme, dass wir es
rechtzeitig verhindern können.

But to-day being Saturday rather complicates
matters.
157.3
Aber dass heute Samstag ist, macht die Sache etwas
komplizierter.

I shall want your help to- night. "
157.4
Ich brauche heute Abend Ihre Hilfe. "

"At what time?"
158.1
"Um welche Zeit?"

"Ten will be early enough. "
159.1
"Zehn ist früh genug. "

"I shall be at Baker Street at ten. "
160.1
"Ich werde um zehn in der Baker Street sein. "

"Very well.
161.1
"Nun gut.

And, I say, Doctor, there may be some little danger,
so kindly put your army revolver in your pocket. "
161.2
Und ich sage Ihnen, Doktor, es könnte eine kleine Gefahr
bestehen, also stecken Sie bitte Ihren Armeerevolver in
Ihre Tasche. "

He waved his hand, turned on his heel, and
disappeared in an instant among the crowd.
161.3
Er winkte mit der Hand, machte auf dem Absatz kehrt und
verschwand im Nu in der Menge.

162.1 I trust that I am not more dense than my neighbours, but I was always oppressed with a sense of my own stupidity in my dealings with Sherlock Holmes.

Ich vertraue darauf, dass ich nicht dümmer bin als meine Nachbarn, aber im Umgang mit Sherlock Holmes wurde ich immer von einem Gefühl der eigenen Dummheit bedrängt.

162.2 Here I had heard what he had heard, I had seen what he had seen, and yet from his words it was evident that he saw clearly not only what had happened but what was about to happen, while to me the whole business was still confused and grotesque.

Ich hatte gehört, was er gehört hatte, ich hatte gesehen, was er gesehen hatte, und doch war aus seinen Worten ersichtlich, dass er nicht nur klar sah, was geschehen war, sondern auch, was geschehen würde, während für mich die ganze Angelegenheit immer noch verworren und grotesk war.

162.3 As I drove home to my house in Kensington I thought over it all, from the extraordinary story of the red-headed copier of the Encyclopædia down to the visit to Saxe-Coburg Square, and the ominous words with which he had parted from me.

Als ich nach Hause zu meinem Haus in Kensington fuhr, dachte ich über alles nach, von der außergewöhnlichen Geschichte des rothaarigen Kopierers der Encyclopædia bis hin zu dem Besuch am Sächsischen Platz und den ominösen Worten, mit denen er sich von mir verabschiedet hatte.

162.4 What was this nocturnal expedition,

Was war diese nächtliche Expedition,

162.5 and why should I go armed? Where were we going,

und warum sollte ich bewaffnet gehen? Wohin sollten wir gehen, and what were we to do?   162.6

und was sollten wir tun?

I had the hint from Holmes that this smooth-faced   162.7
pawnbroker's assistant was a formidable man -

Ich hatte von Holmes den Hinweis erhalten, dass dieser
aalglatte Pfandleihergehilfe ein furchterregender Mann
war -

a man who might play a deep game.   162.8

ein Mann, der ein tiefes Spiel spielen konnte.

I tried to puzzle it out, but gave it up in despair and   162.9
set the matter aside until night should bring an
explanation.

Ich versuchte zu rätseln, gab es aber verzweifelt auf und
legte die Sache beiseite, bis die Nacht eine Erklärung
bringen sollte.

It was a quarter-past nine when I started from home   163.1
and made my way across the Park,

Es war viertel nach neun,

and so through Oxford Street to Baker Street.   163.2

als ich von zu Hause aufbrach und mich auf den Weg durch
den Park und dann durch die Oxford Street zur Baker Street
machte.

Two hansoms were standing at the door, and as I   163.3
entered the passage I heard the sound of voices from
above.

Zwei Männer standen vor der Tür, und als ich den Gang
betrat, hörte ich von oben Stimmen.

163.4 On entering his room, I found Holmes in animated conversation with two men, one of whom I recognised as Peter Jones, the official police agent, while the other was a long, thin, sad-faced man, with a very shiny hat and oppressively respectable frock-coat.

Als ich sein Zimmer betrat, fand ich Holmes in angeregter Unterhaltung mit zwei Männern, von denen ich den einen als Peter Jones, den offiziellen Polizeiagenten, erkannte, während der andere ein langer, dünner Mann mit traurigem Gesicht war, der einen sehr glänzenden Hut und einen bedrückend seriösen Gehrock trug.

164.1 "Ha! Our party is complete," said Holmes,

"Ha! Unsere Gruppe ist komplett," sagte Holmes,

164.2 buttoning up his pea-jacket and taking his heavy hunting crop from the rack.

knöpfte seine Erbsenjacke zu und nahm seine schwere Jagdgerte vom Ständer.

164.3 "Watson, I think you know Mr. Jones, of Scotland Yard?

"Watson, ich glaube, Sie kennen Mr. Jones von Scotland Yard?

164.4 Let me introduce you to Mr. Merryweather,

Darf ich Ihnen Mr. Merryweather vorstellen,

164.5 who is to be our companion in to-night's adventure."

der uns bei unserem heutigen Abenteuer begleiten wird."

165.1 "We're hunting in couples again, Doctor, you see,"

"Wir jagen wieder zu zweit, Doktor,"

165.2 said Jones in his consequential way.

sagte Jones in seiner konsequenten Art.

"Our friend here is a wonderful man for starting a chase. 165.3

"Unser Freund hier ist ein wunderbarer Mann, um eine Jagd zu beginnen.

All he wants is an old dog to help him to do the running down." 165.4

Alles, was er braucht, ist ein alter Hund, der ihm bei der Verfolgung hilft."

"I hope a wild goose may not prove to be the end of our chase," 166.1

"Ich hoffe, eine Wildgans wird nicht das Ende unserer Jagd sein,"

observed Mr. Merryweather gloomily. 166.2

bemerkte Mr. Merryweather düster.

"You may place considerable confidence in Mr. Holmes, sir," 167.1

"Sie können Mr. Holmes viel Vertrauen entgegenbringen, Sir,"

said the police agent loftily. 167.2

sagte der Polizeibeamte hochmütig.

"He has his own little methods, which are, if he won't mind my saying so, just a little too theoretical and fantastic, but he has the makings of a detective in him. 167.3

"Er hat seine eigenen kleinen Methoden, die, mit Verlaub, ein wenig zu theoretisch und phantastisch sind, aber er hat das Zeug zum Detektiv.

167.4 It is not too much to say that once or twice, as in that business of the Sholto murder and the Agra treasure, he has been more nearly correct than the official force."

Es ist nicht zu viel gesagt, wenn ich sage, dass er ein - oder zweimal, wie in der Angelegenheit des Sholto-Mordes und des Agra-Schatzes, fast richtiger lag als die offizielle Polizei."

168.1 "Oh, if you say so, Mr. Jones, it is all right,"

"Oh, wenn Sie meinen, Mr. Jones, dann ist das in Ordnung,"

168.2 said the stranger with deference. "Still,

sagte der Fremde mit Respekt. "Trotzdem muss ich gestehen,

168.3 I confess that I miss my rubber.

dass ich mein Gummi vermisse.

168.4 It is the first Saturday night for seven-and-twenty years that I have not had my rubber."

Es ist der erste Samstagabend seit siebenundzwanzig Jahren, an dem ich keinen Gummi habe."

169.1 "I think you will find," said Sherlock Holmes,

"Ich denke, Sie werden feststellen," sagte Sherlock Holmes,

169.2 "that you will play for a higher stake to-night than you have ever done yet, and that the play will be more exciting.

"dass Sie heute Abend um einen höheren Einsatz spielen werden, als Sie es bisher getan haben, und dass das Spiel noch aufregender sein wird.

For you, Mr. Merryweather, the stake will be some £ 30,000;

169.3

Für Sie, Mr. Merryweather, wird der Einsatz etwa 30,000 Pfund betragen;

and for you, Jones, it will be the man upon whom you wish to lay your hands."

169.4

und für Sie, Jones, wird es der Mann sein, auf den Sie Ihre Hände legen wollen."

"John Clay, the murderer, thief, smasher, and forger.

170.1

"John Clay, der Mörder, Dieb, Zertrümmerer und Fälscher.

He's a young man, Mr. Merryweather, but he is at the head of his profession, and I would rather have my bracelets on him than on any criminal in London.

170.2

Er ist ein junger Mann, Mr. Merryweather, aber er steht an der Spitze seines Berufes, und ich hätte lieber meine Armbänder an ihm als an irgendeinem Kriminellen in London.

He's a remarkable man, is young John Clay.

170.3

Er ist ein bemerkenswerter Mann, der junge John Clay.

His grandfather was a royal duke,

170.4

Sein Großvater war ein königlicher Herzog,

and he himself has been to Eton and Oxford.

170.5

und er selbst ist in Eton und Oxford gewesen.

His brain is as cunning as his fingers, and though we meet signs of him at every turn, we never know where to find the man himself.

170.6

Sein Verstand ist so schlau wie seine Finger, und obwohl wir auf Schritt und Tritt auf ihn stoßen, wissen wir nie, wo wir den Mann selbst finden.

170.7 He'll crack a crib in Scotland one week,
In der einen Woche knackt er eine Krippe in Schottland,

170.8 and be raising money to build an orphanage in Cornwall the next.
in der nächsten sammelt er Geld für den Bau eines Waisenhauses in Cornwall.

170.9 I've been on his track for years and have never set eyes on him yet."
Ich bin ihm schon seit Jahren auf den Fersen und habe ihn noch nie zu Gesicht bekommen."

171.1 "I hope that I may have the pleasure of introducing you to-night.
"Ich hoffe, dass ich das Vergnügen haben werde, Sie heute Abend vorzustellen.

171.2 I've had one or two little turns also with Mr. John Clay, and I agree with you that he is at the head of his profession.
Ich habe mich auch ein oder zwei Mal mit Mr. John Clay unterhalten, und ich stimme Ihnen zu, dass er ein Meister seines Fachs ist.

171.3 It is past ten, however, and quite time that we started.
Es ist allerdings schon nach zehn, und es ist an der Zeit, dass wir aufbrechen.

171.4 If you two will take the first hansom,
Wenn Sie beide die erste Droschke nehmen,

171.5 Watson and I will follow in the second."
werden Watson und ich in der zweiten folgen."

Sherlock Holmes was not very communicative during the long drive and lay back in the cab humming the tunes which he had heard in the afternoon. 172.1
Sherlock Holmes war während der langen Fahrt nicht sehr gesprächig und lehnte sich in der Kabine zurück und summte die Melodien, die er am Nachmittag gehört hatte.

We rattled through an endless labyrinth of gas-lit streets until we emerged into Farrington Street. 172.2
Wir ratterten durch ein endloses Labyrinth von gasbeleuchteten Straßen, bis wir in die Farrington Street einbogen.

"We are close there now," my friend remarked. 173.1
"Wir sind jetzt ganz nah dran," bemerkte mein Freund.

"This fellow Merryweather is a bank director, and personally interested in the matter. 173.2
"Dieser Merryweather ist ein Bankdirektor und persönlich an der Sache interessiert.

I thought it as well to have Jones with us also. 173.3
Ich hielt es für gut, auch Jones bei uns zu haben.

He is not a bad fellow, 173.4
Er ist kein schlechter Kerl,

though an absolute imbecile in his profession. 173.5
obwohl er in seinem Beruf ein absoluter Schwachkopf ist.

He has one positive virtue. 173.6
Er hat eine positive Tugend.

He is as brave as a bulldog and as tenacious as a lobster if he gets his claws upon anyone. 173.7
Er ist mutig wie eine Bulldogge und hartnäckig wie ein Hummer, wenn er jemanden in seine Klauen bekommt.

173.8 Here we are, and they are waiting for us."

Hier sind wir, und sie warten auf uns."

174.1 We had reached the same crowded thoroughfare in which we had found ourselves in the morning.

Wir hatten dieselbe belebte Durchgangsstraße erreicht, in der wir uns am Morgen befunden hatten.

174.2 Our cabs were dismissed, and, following the guidance of Mr. Merryweather, we passed down a narrow passage and through a side door, which he opened for us.

Unsere Taxis wurden abgestellt, und wir folgten der Führung von Mr. Merryweather durch einen schmalen Gang und durch eine Seitentür, die er für uns öffnete.

174.3 Within there was a small corridor,

Darin befand sich ein kleiner Korridor,

174.4 which ended in a very massive iron gate.

der in einem sehr massiven Eisentor endete.

174.5 This also was opened, and led down a flight of winding stone steps, which terminated at another formidable gate.

Auch dieses wurde geöffnet und führte über eine gewundene Steintreppe hinunter, die an einem weiteren gewaltigen Tor endete.

Mr. Merryweather stopped to light a lantern, and then conducted us down a dark, earth-smelling passage, and so, after opening a third door, into a huge vault or cellar, which was piled all round with crates and massive boxes.

174.6

Mr. Merryweather hielt an, um eine Laterne anzuzünden, und führte uns dann einen dunklen, nach Erde riechenden Gang hinunter und dann, nachdem er eine dritte Tür geöffnet hatte, in ein riesiges Gewölbe oder einen Keller, der rundherum mit Kisten und massiven Kästen vollgestapelt war.

"You are not very vulnerable from above,"

175.1

"Sie sind von oben nicht sehr verwundbar,"

Holmes remarked as he held up the lantern and gazed about him.

175.2

bemerkte Holmes, als er die Laterne hochhielt und sich umschaute.

"Nor from below,"

176.1

"Auch nicht von unten,"

said Mr. Merryweather,

176.2

sagte Mr. Merryweather und schlug mit seinem Stock auf die Fahnen,

striking his stick upon the flags which lined the floor.

176.3

die den Boden säumten.

"Why, dear me, it sounds quite hollow!"

176.4

"Das klingt ja ganz hohl!"

he remarked, looking up in surprise.

176.5

bemerkte er und blickte überrascht auf.

177.1 "I must really ask you to be a little more quiet!"
"Ich muss Sie wirklich bitten, etwas ruhiger zu sein!"

177.2 said Holmes severely.
sagte Holmes streng.

177.3 "You have already imperilled the whole success of our expedition.
"Sie haben bereits den ganzen Erfolg unserer Expedition gefährdet.

177.4 Might I beg that you would have the goodness to sit down upon one of those boxes, and not to interfere?"
Dürfte ich Sie bitten, die Güte zu haben, sich auf eine dieser Kisten zu setzen und nicht einzugreifen?"

178.1 The solemn Mr. Merryweather perched himself upon a crate, with a very injured expression upon his face, while Holmes fell upon his knees upon the floor and, with the lantern and a magnifying lens, began to examine minutely the cracks between the stones.
Der feierliche Mr. Merryweather hockte sich auf eine Kiste, mit einem sehr verletzten Gesichtsausdruck, während Holmes sich auf den Boden kniete und mit der Laterne und einem Vergrößerungsglas begann, die Risse zwischen den Steinen genau zu untersuchen.

178.2 A few seconds sufficed to satisfy him,
Nach ein paar Sekunden war er zufrieden,

178.3 for he sprang to his feet again and put his glass in his pocket.
denn er sprang wieder auf und steckte sein Glas in die Tasche.

179.1 "We have at least an hour before us," he remarked,
"Wir haben mindestens eine Stunde vor uns," bemerkte er,

171

"for they can hardly take any steps until the good pawnbroker is safely in bed.
179.2

"denn sie können kaum einen Schritt tun, bevor der gute Pfandleiher nicht sicher im Bett ist.

Then they will not lose a minute, for the sooner they do their work the longer time they will have for their escape.
179.3

Dann werden sie keine Minute verlieren, denn je eher sie ihre Arbeit tun, desto mehr Zeit haben sie für ihre Flucht.

We are at present, Doctor -
179.4

Wir befinden uns zur Zeit, Herr Doktor -

as no doubt you have divined -
179.5

wie Sie zweifellos erraten haben -

in the cellar of the City branch of one of the principal London banks.
179.6

im Keller der City-Filiale einer der wichtigsten Londoner Banken.

Mr. Merryweather is the chairman of directors, and he will explain to you that there are reasons why the more daring criminals of London should take a considerable interest in this cellar at present."
179.7

Mr. Merryweather ist der Vorstandsvorsitzende, und er wird Ihnen erklären, dass es Gründe gibt, warum die wagemutigsten Verbrecher Londons derzeit ein großes Interesse an diesem Keller haben."

"It is our French gold," whispered the director.
180.1

"Es ist unser französisches Gold," flüsterte der Direktor.

180.2 "We have had several warnings that an attempt might be made upon it."

"Wir wurden mehrfach gewarnt, dass ein Anschlag darauf verübt werden könnte."

181.1 "Your French gold?"

"Ihr französisches Gold?"

182.1 "Yes.

"Ja.

182.2 We had occasion some months ago to strengthen our resources and borrowed for that purpose 30,000 napoleons from the Bank of France.

Wir hatten vor einigen Monaten Gelegenheit, unsere Mittel zu verstärken und haben uns zu diesem Zweck 30,000 Napoleons von der Bank von Frankreich geliehen.

182.3 It has become known that we have never had occasion to unpack the money, and that it is still lying in our cellar.

Es ist bekannt geworden, dass wir nie die Gelegenheit hatten, das Geld auszupacken, und dass es immer noch in unserem Keller liegt.

182.4 The crate upon which I sit contains 2,000 napoleons packed between layers of lead foil.

Die Kiste, auf der ich sitze, enthält 2,000 Napoleons, verpackt zwischen Lagen von Bleifolie.

182.5 Our reserve of bullion is much larger at present than is usually kept in a single branch office, and the directors have had misgivings upon the subject."

Unsere Barrenreserve ist zur Zeit viel größer, als sie normalerweise in einer einzigen Filiale aufbewahrt wird, und die Direktoren haben diesbezüglich Bedenken gehabt."

"Which were very well justified," observed Holmes. 183.1

"Die sehr gut begründet waren," bemerkte Holmes.

"And now it is time that we arranged our little plans. 183.2

"Und nun ist es an der Zeit, dass wir unsere kleinen Pläne ausarbeiten.

I expect that within an hour matters will come to a head. 183.3

Ich gehe davon aus, dass sich die Dinge innerhalb einer Stunde zum Guten wenden werden.

In the meantime Mr. Merryweather, we must put the screen over that dark lantern." 183.4

In der Zwischenzeit, Mr. Merryweather, müssen wir den Schirm über diese dunkle Laterne spannen."

"And sit in the dark?" 184.1

"Und im Dunkeln sitzen?"

"I am afraid so. 185.1

"Ich fürchte ja.

I had brought a pack of cards in my pocket, and I thought that, as we were a partie carrée, you might have your rubber after all. 185.2

Ich hatte ein Kartenspiel in meiner Tasche, und ich dachte, da wir eine Partie Carrée sind, könntest du vielleicht doch deinen Rubber haben.

But I see that the enemy's preparations have gone so far that we cannot risk the presence of a light. 185.3

Aber ich sehe, dass die Vorbereitungen des Feindes so weit gediehen sind, dass wir nicht riskieren können, ein Licht zu sehen.

185.4 **And, first of all, we must choose our positions.**
Und vor allem müssen wir unsere Positionen wählen.

185.5 **These are daring men, and though we shall take them at a disadvantage, they may do us some harm unless we are careful.**
Das sind kühne Männer, und wenn wir sie nicht auf die leichte Schulter nehmen, können sie uns Schaden zufügen, wenn wir nicht aufpassen.

185.6 **I shall stand behind this crate,**
Ich werde hinter dieser Kiste stehen,

185.7 **and do you conceal yourselves behind those.**
und ihr versteckt euch hinter diesen.

185.8 **Then, when I flash a light upon them, close in swiftly.**
Wenn ich dann ein Licht auf sie werfe, nähert ihr euch schnell.

185.9 **If they fire, Watson, have no compunction about shooting them down."**
Wenn sie schießen, Watson, habt keine Hemmungen, sie abzuschießen."

186.1 **I placed my revolver, cocked, upon the top of the wooden case behind which I crouched.**
Ich legte meinen Revolver im gespannten Zustand auf den Deckel der Holzkiste, hinter der ich kauerte.

186.2 **Holmes shot the slide across the front of his lantern and left us in pitch darkness -**
Holmes schoss den Schlitten über die Vorderseite seiner Laterne und ließ uns in völliger Dunkelheit zurück -

such an absolute darkness as I have never before experienced.

186.3

in einer so absoluten Dunkelheit, wie ich sie noch nie erlebt habe.

The smell of hot metal remained to assure us that the light was still there, ready to flash out at a moment's notice.

186.4

Der Geruch von heißem Metall blieb, um uns zu versichern, dass das Licht immer noch da war, bereit, im nächsten Moment aufzublitzen.

To me, with my nerves worked up to a pitch of expectancy, there was something depressing and subduing in the sudden gloom, and in the cold dank air of the vault.

186.5

Die plötzliche Dunkelheit und die kalte, feuchte Luft des Gewölbes hatten für mich, der ich mit den Nerven am Ende war, etwas Bedrückendes und Beklemmendes an sich.

"They have but one retreat," whispered Holmes.

187.1

"Sie haben nur einen Rückzugsort," flüsterte Holmes.

"That is back through the house into Saxe-Coburg Square.

187.2

"Und zwar durch das Haus zurück zum Sächsischen Burgplatz.

I hope that you have done what I asked you, Jones?"

187.3

Ich hoffe, Sie haben getan, worum ich Sie gebeten habe, Jones?"

"I have an inspector and two officers waiting at the front door."

188.1

"Ich habe einen Inspektor und zwei Beamte, die an der Vordertür warten."

189.1 "Then we have stopped all the holes.
"Dann haben wir alle Löcher gestopft.

189.2 And now we must be silent and wait."
Und jetzt müssen wir still sein und warten."

190.1 What a time it seemed!
Was für eine Zeitspanne schien das zu sein!

190.2 From comparing notes afterwards it was but an hour
and a quarter, yet it appeared to me that the night
must have almost gone, and the dawn be breaking
above us.
Wenn ich nachher meine Aufzeichnungen vergleiche,
waren es nur eineinviertel Stunden, und doch schien
es mir, als ob die Nacht fast vorüber wäre und die
Morgendämmerung über uns hereinbrechen würde.

190.3 My limbs were weary and stiff, for I feared to change
my position;
Meine Glieder waren müde und steif, denn ich fürchtete
mich, meine Position zu verändern;

190.4 yet my nerves were worked up to the highest pitch
of tension, and my hearing was so acute that I could
not only hear the gentle breathing of my companions,
but I could distinguish the deeper, heavier in-breath
of the bulky Jones from the thin, sighing note of the
bank director.
doch meine Nerven waren bis zur höchsten Anspannung
gereizt, und mein Gehör war so scharf, dass ich nicht
nur das leise Atmen meiner Begleiter hören konnte,
sondern auch das tiefere, schwerere Einatmen des bulligen
Jones vom dünnen, seufzenden Ton des Bankdirektors
unterscheiden konnte.

From my position I could look over the case in the direction of the floor. 190.5

Von meiner Position aus konnte ich über die Kiste hinweg in Richtung Boden sehen.

Suddenly my eyes caught the glint of a light. 190.6

Plötzlich fingen meine Augen den Schein eines Lichts auf.

At first it was but a lurid spark upon the stone pavement. 191.1

Zuerst war es nur ein gleißender Funke auf dem Steinpflaster.

Then it lengthened out until it became a yellow line, and then, without any warning or sound, a gash seemed to open and a hand appeared, a white, almost womanly hand, which felt about in the centre of the little area of light. 191.2

Dann verlängerte er sich, bis er zu einer gelben Linie wurde, und dann schien sich ohne Vorwarnung oder Geräusch ein Spalt zu öffnen und eine Hand zu erscheinen, eine weiße, fast weibliche Hand, die in der Mitte der kleinen Lichtfläche herumtastete.

For a minute or more the hand, with its writhing fingers, protruded out of the floor. 191.3

Eine Minute lang oder länger ragte die Hand mit ihren sich windenden Fingern aus dem Boden heraus.

Then it was withdrawn as suddenly as it appeared, and all was dark again save the single lurid spark which marked a chink between the stones. 191.4

Dann zog sie sich so plötzlich zurück, wie sie aufgetaucht war, und alles war wieder dunkel bis auf einen einzigen grellen Funken, der einen Spalt zwischen den Steinen markierte.

192.1 Its disappearance, however, was but momentary.
Sein Verschwinden war jedoch nur von kurzer Dauer.

192.2 With a rending, tearing sound, one of the broad,
white stones turned over upon its side and left a
square, gaping hole, through which streamed the
light of a lantern.
Mit einem reißenden Geräusch kippte einer der
breiten, weißen Steine auf die Seite und hinterließ ein
quadratisches, klaffendes Loch, durch das das Licht einer
Laterne drang.

192.3 Over the edge there peeped a clean-cut, boyish face,
which looked keenly about it, and then, with a hand
on either side of the aperture, drew itself shoulder-
high and waist-high, until one knee rested upon the
edge.
Über den Rand lugte ein sauber geschnittenes,
jungenhaftes Gesicht, das sich aufmerksam umsah und
sich dann, mit einer Hand auf beiden Seiten der Öffnung,
schulter - und hüfthoch zog, bis ein Knie auf dem Rand
ruhte.

192.4 In another instant he stood at the side of the hole and
was hauling after him a companion, lithe and small
like himself, with a pale face and a shock of very red
hair.
In einem anderen Augenblick stand er am Rand des Lochs
und zog einen Begleiter hinter sich her, der so schlank
und klein war wie er selbst, mit einem blassen Gesicht und
einem Schopf sehr roter Haare.

193.1 "It's all clear," he whispered.
"Es ist alles klar," flüsterte er.

193.2 "Have you the chisel and the bags? Great Scott!
"Hast du den Meißel und die Taschen? Großer Schotte!

Jump, Archie, jump, and I'll swing for it!" 193.3
Spring, Archie, spring, und ich schwinge mich dazu!"

Sherlock Holmes had sprung out and seized the 194.1
intruder by the collar.
Sherlock Holmes war herausgesprungen und hatte den
Eindringling am Kragen gepackt.

The other dived down the hole, and I heard the sound 194.2
of rending cloth as Jones clutched at his skirts.
Der andere tauchte in das Loch, und ich hörte das Geräusch
von zerrissenem Stoff, als Jones sich an seine Röcke
klammerte.

The light flashed upon the barrel of a revolver, 194.3
Das Licht blitzte auf dem Lauf eines Revolvers auf,

but Holmes' hunting crop came down on the man's 194.4
wrist,
aber Holmes' Jagdgerte fiel auf das Handgelenk des
Mannes,

and the pistol clinked upon the stone floor. 194.5
und die Pistole klirrte auf dem Steinboden.

"It's no use, John Clay," said Holmes blandly. 195.1
"Es hat keinen Zweck, John Clay," sagte Holmes
freundlich.

"You have no chance at all." 195.2
"Sie haben überhaupt keine Chance."

"So I see," 196.1
"Das sehe ich,"

196.2 the other answered with the utmost coolness.
antwortete der andere mit äußerster Gelassenheit.

196.3 "I fancy that my pal is all right, though I see you have got his coat- tails."
"Ich glaube, dass mein Kumpel in Ordnung ist, obwohl ich sehe, dass du ihm auf den Leim gegangen bist."

197.1 "There are three men waiting for him at the door," said Holmes.
"Drei Männer warten an der Tür auf ihn," sagte Holmes.

198.1 "Oh, indeed!
"Oh, in der Tat!

198.2 You seem to have done the thing very completely.
Sie scheinen die Sache sehr gut gemacht zu haben.

198.3 I must compliment you."
Ich muss Ihnen ein Kompliment machen."

199.1 "And I you," Holmes answered.
"Und ich dich," antwortete Holmes.

199.2 "Your red-headed idea was very new and effective."
"Deine rothaarige Idee war sehr neu und effektiv."

200.1 "You'll see your pal again presently," said Jones.
"Du wirst deinen Kumpel bald wiedersehen," sagte Jones.

200.2 "He's quicker at climbing down holes than I am.
"Er klettert schneller in die Löcher als ich.

200.3 Just hold out while I fix the derbies."
Warte einfach ab, während ich die Derbys repariere."

"I beg that you will not touch me with your filthy hands," 201.1

"Ich bitte Sie, mich nicht mit Ihren schmutzigen Händen anzufassen,"

remarked our prisoner as the handcuffs clattered upon his wrists. 201.2

sagte unser Gefangener, als die Handschellen an seinen Handgelenken rasselten.

"You may not be aware that I have royal blood in my veins. 201.3

"Ihr wisst vielleicht nicht, dass ich königliches Blut in meinen Adern habe.

Have the goodness, also, when you address me always to say 'sir' and 'please. "' 201.4

Habt auch die Güte, wenn Ihr mich ansprecht, immer 'Sir' und 'bitte' zu sagen."

"All right," said Jones with a stare and a snigger. 202.1

"In Ordnung," sagte Jones mit einem Blick und einem Kichern.

"Well, would you please, sir, march upstairs, where we can get a cab to carry your Highness to the police-station?" 202.2

"Würden Sie bitte nach oben gehen, Sir, damit wir ein Taxi nehmen können, das Ihre Hoheit zur Polizeistation bringt?"

"That is better," said John Clay serenely. 203.1

"Das ist besser," sagte John Clay gelassen.

203.2 He made a sweeping bow to the three of us and walked quietly off in the custody of the detective.
Er machte eine schwungvolle Verbeugung vor uns dreien und ging leise in der Obhut des Detektivs davon.

204.1 "Really, Mr. Holmes,"
"Wirklich, Mr. Holmes,"

204.2 said Mr. Merryweather as we followed them from the cellar,
sagte Mr. Merryweather, als wir ihnen aus dem Keller folgten,

204.3 "I do not know how the bank can thank you or repay you.
"ich weiß nicht, wie die Bank Ihnen danken oder es Ihnen vergelten kann.

204.4 There is no doubt that you have detected and defeated in the most complete manner one of the most determined attempts at bank robbery that have ever come within my experience."
Es besteht kein Zweifel daran, dass Sie einen der entschlossensten Bankraubversuche, die mir je untergekommen sind, aufgedeckt und vereitelt haben."

205.1 "I have had one or two little scores of my own to settle with Mr. John Clay,"
"Ich hatte noch ein oder zwei kleine Rechnungen mit Mr. John Clay zu begleichen,"

205.2 said Holmes.
sagte Holmes.

"I have been at some small expense over this matter, which I shall expect the bank to refund, but beyond that I am amply repaid by having had an experience which is in many ways unique, and by hearing the very remarkable narrative of the Red-headed League." 205.3

"Diese Angelegenheit hat mich einige kleine Kosten gekostet, die ich von der Bank zurückerstattet bekommen werde, aber darüber hinaus bin ich reichlich entschädigt worden, indem ich eine Erfahrung gemacht habe, die in vielerlei Hinsicht einzigartig ist, und indem ich die sehr bemerkenswerte Erzählung über die Rothaarige Liga gehört habe."

"You see, Watson," 206.1

"Sehen Sie, Watson,"

he explained in the early hours of the morning as we sat over a glass of whisky and soda in Baker Street, 206.2

erklärte er in den frühen Morgenstunden, als wir bei einem Glas Whisky und Soda in der Baker Street saßen,

"it was perfectly obvious from the first that the only possible object of this rather fantastic business of the advertisement of the League, and the copying of the Encyclopædia, must be to get this not over-bright pawnbroker out of the way for a number of hours every day. 206.3

"es war von Anfang an völlig klar, dass der einzig mögliche Zweck dieses ziemlich phantastischen Geschäfts der Werbung für die Liga und des Kopierens der Encyclopædia darin bestehen musste, diesen nicht allzu hellen Pfandleiher jeden Tag für einige Stunden aus dem Weg zu räumen.

206.4 It was a curious way of managing it, but, really, it would be difficult to suggest a better.

Es war eine merkwürdige Art und Weise, dies zu bewerkstelligen, aber es wäre wirklich schwierig, eine bessere vorzuschlagen.

206.5 The method was no doubt suggested to Clay's ingenious mind by the colour of his accomplice's hair.

Clays genialer Verstand wurde zweifellos durch die Haarfarbe seines Komplizen angeregt.

206.6 The £ 4 a week was a lure which must draw him, and what was it to them, who were playing for thousands?

Die 4 Pfund pro Woche waren ein Köder, der ihn anlocken musste, und was ging es sie an, die um Tausende spielten?

206.7 They put in the advertisement, one rogue has the temporary office, the other rogue incites the man to apply for it, and together they manage to secure his absence every morning in the week.

Sie schalten die Anzeige, der eine Gauner hat das vorübergehende Büro, der andere Gauner stiftet den Mann an, sich dafür zu bewerben, und gemeinsam schaffen sie es, seine Abwesenheit jeden Morgen in der Woche sicherzustellen.

206.8 From the time that I heard of the assistant having come for half wages, it was obvious to me that he had some strong motive for securing the situation."

Als ich erfuhr, dass der Assistent für einen halben Lohn gekommen war, war mir klar, dass er ein starkes Motiv hatte, sich die Stelle zu sichern."

207.1 "But how could you guess what the motive was?"

"Aber wie konnten Sie erraten, was das Motiv war?"

"Had there been women in the house,   208.1
"Hätten sich Frauen im Haus befunden,

I should have suspected a mere vulgar intrigue.   208.2
hätte ich eine vulgäre Intrige vermutet.

That, however, was out of the question.   208.3
Das war jedoch ausgeschlossen.

The man's business was a small one, and there was   208.4
nothing in his house which could account for such
elaborate preparations, and such an expenditure as
they were at.
Das Geschäft des Mannes war ein kleines, und es gab nichts
in seinem Haus, was solch aufwendige Vorbereitungen und
Ausgaben wie diese erklären könnte.

It must, then, be something out of the house.   208.5
Es musste sich also um etwas außerhalb des Hauses
handeln.

What could it be?   208.6
Was könnte es sein?

I thought of the assistant's fondness for photography,   208.7
Ich dachte an die Vorliebe des Assistenten für Fotografie
und an seinen Trick,

and his trick of vanishing into the cellar. The cellar!   208.8
im Keller zu verschwinden. Der Keller!

There was the end of this tangled clue.   208.9
Das war das Ende dieses verworrenen Hinweises.

208.10 Then I made inquiries as to this mysterious assistant and found that I had to deal with one of the coolest and most daring criminals in London.

Dann erkundigte ich mich nach diesem mysteriösen Assistenten und stellte fest, dass ich es mit einem der coolsten und verwegensten Verbrecher Londons zu tun hatte.

208.11 He was doing something in the cellar -

Er hatte etwas im Keller zu tun -

208.12 something which took many hours a day for months on end.

etwas, das monatelang viele Stunden am Tag in Anspruch nahm.

208.13 What could it be, once more?

Was könnte es sein, wieder einmal?

208.14 I could think of nothing save that he was running a tunnel to some other building.

Mir fiel nichts ein, außer dass er einen Tunnel zu einem anderen Gebäude betrieb.

209.1 "So far I had got when we went to visit the scene of action.

"So weit war ich gekommen, als wir den Ort des Geschehens aufsuchten.

209.2 I surprised you by beating upon the pavement with my stick.

Ich habe Sie überrascht, als ich mit meinem Stock auf das Pflaster schlug.

209.3 I was ascertaining whether the cellar stretched out in front or behind.

Ich wollte mich vergewissern, ob sich der Keller vor oder hinter mir befand.

It was not in front.

209.4

Vorne war er nicht.

Then I rang the bell, and, as I hoped, the assistant answered it.

209.5

Dann habe ich geklingelt, und, wie ich gehofft hatte, hat der Assistent geantwortet.

We have had some skirmishes,

209.6

Wir hatten schon einige Scharmützel,

but we had never set eyes upon each other before.

209.7

aber wir hatten uns noch nie gesehen.

I hardly looked at his face.

209.8

Ich schaute kaum in sein Gesicht.

His knees were what I wished to see.

209.9

Seine Knie waren das, was ich zu sehen wünschte.

You must yourself have remarked how worn, wrinkled, and stained they were.

209.10

Sie haben sicher selbst bemerkt, wie abgenutzt, faltig und fleckig sie waren.

They spoke of those hours of burrowing.

209.11

Sie sprachen von den Stunden des Wühlens.

The only remaining point was what they were burrowing for.

209.12

Bleibt nur noch die Frage, wozu sie sich gegraben haben.

I walked round the corner, saw the City and Suburban Bank abutted on our friend's premises, and felt that I had solved my problem.

209.13

Ich ging um die Ecke, sah die City and Suburban Bank, die an das Grundstück unseres Freundes grenzte, und hatte das Gefühl, mein Problem gelöst zu haben.

209.14 When you drove home after the concert I called upon Scotland Yard and upon the chairman of the bank directors, with the result that you have seen."

Als Sie nach dem Konzert nach Hause fuhren, rief ich Scotland Yard und den Vorsitzenden der Bankdirektoren an, mit dem Ergebnis, das Sie gesehen haben."

210.1 "And how could you tell that they would make their attempt to- night?"

"Und woher wussten Sie, dass sie es heute Nacht versuchen würden?"

210.2 I asked.

fragte ich.

211.1 "Well, when they closed their League offices that was a sign that they cared no longer about Mr. Jabez Wilson's presence -

"Nun, als sie die Büros der Liga schlossen, war das ein Zeichen dafür, dass sie sich nicht mehr um die Anwesenheit von Mr. Jabez Wilson kümmerten -

211.2 in other words,

mit anderen Worten,

211.3 that they had completed their tunnel.

dass sie ihren Tunnel fertiggestellt hatten.

211.4 But it was essential that they should use it soon, as it might be discovered, or the bullion might be removed.

Aber es war wichtig, dass sie ihn bald benutzten, denn er könnte entdeckt werden, oder die Goldbarren könnten weggenommen werden.

Saturday would suit them better than any other day,   211.5
Der Samstag würde ihnen besser passen als jeder andere
Tag,

as it would give them two days for their escape.   211.6
denn dann hätten sie zwei Tage Zeit für ihre Flucht.

For all these reasons I expected them to come to-   211.7
night."
Aus all diesen Gründen erwartete ich, dass sie heute Nacht
kommen würden."

"You reasoned it out beautifully,"   212.1
"Du hast das sehr gut durchdacht,"

I exclaimed in unfeigned admiration.   212.2
rief ich in ungeheuchelter Bewunderung aus.

"It is so long a chain, and yet every link rings true."   212.3
"Es ist eine so lange Kette, und doch stimmt jedes Glied."

"It saved me from ennui,"   213.1
"Das hat mich vor Langeweile bewahrt,"

he answered, yawning. "Alas!   213.2
antwortete er und gähnte. "Leider!

I already feel it closing in upon me.   213.3
Ich fühle bereits, wie sie sich mir nähert.

My life is spent in one long effort to escape from the   213.4
commonplaces of existence.
Mein Leben ist ein einziger langer Versuch, den
Gemeinplätzen des Lebens zu entkommen.

213.5 These little problems help me to do so."
Diese kleinen Probleme helfen mir dabei."

214.1 "And you are a benefactor of the race," said I.
"Und Sie sind ein Wohltäter der Rasse," sagte ich.

215.1 He shrugged his shoulders.
Er zuckte mit den Schultern.

215.2 "Well, perhaps, after all, it is of some little use,"
"Nun, vielleicht ist es ja doch von geringem Nutzen,"

215.3 he remarked. "'L'homme c'est rien — l'œuvre c'est tout,'
bemerkte er. "'L'homme c'est rien — l'œuvre c'est tout,'

215.4 as Gustave Flaubert wrote to George Sand."
wie Gustave Flaubert an George Sand schrieb."

III. A CASE OF IDENTITY

III. EIN FALL VON IDENTITÄT

1.1 "My dear fellow,"
"Mein lieber Freund,"

1.2 said Sherlock Holmes as we sat on either side of the fire in his lodgings at Baker Street,
sagte Sherlock Holmes, als wir in seiner Wohnung in der Baker Street zu beiden Seiten des Feuers saßen,

1.3 "life is infinitely stranger than anything which the mind of man could invent.
"das Leben ist unendlich viel seltsamer als alles, was der menschliche Geist erfinden könnte.

1.4 We would not dare to conceive the things which are really mere commonplaces of existence.
Wir würden es nicht wagen, uns die Dinge vorzustellen, die in Wirklichkeit nur Alltäglichkeiten der Existenz sind.

If we could fly out of that window hand in hand, 1.5
hover over this great city, gently remove the roofs,
and peep in at the queer things which are going
on, the strange coincidences, the plannings, the
cross-purposes, the wonderful chains of events,
working through generations, and leading to the
most outré results, it would make all fiction with its
conventionalities and foreseen conclusions most
stale and unprofitable."

Könnten wir Hand in Hand aus diesem Fenster fliegen,
über diese große Stadt schweben, die Dächer sanft abheben
und einen Blick auf die merkwürdigen Dinge werfen, die
vor sich gehen, die seltsamen Zufälle, die Planungen, die
gegensätzlichen Absichten, die wunderbaren Ketten von
Ereignissen, die sich durch Generationen hindurchziehen
und zu den ausgefallensten Ergebnissen führen, so
würde das alle Fiktion mit ihren Konventionalitäten und
vorhersehbaren Schlussfolgerungen schal und unrentabel
machen."

"And yet I am not convinced of it," I answered. 2.1
"Und doch bin ich nicht davon überzeugt," antwortete ich.

"The cases which come to light in the papers are, as a 2.2
rule, bald enough, and vulgar enough.
"Die Fälle, die in den Zeitungen auftauchen, sind in der
Regel kahl und vulgär genug.

We have in our police reports realism pushed to 2.3
its extreme limits, and yet the result is, it must be
confessed, neither fascinating nor artistic."
In unseren Polizeiberichten wird der Realismus
bis zum Äußersten getrieben, und doch ist das
Ergebnis zugegebenermaßen weder faszinierend noch
künstlerisch."

3.1 "A certain selection and discretion must be used in producing a realistic effect,"

"Um eine realistische Wirkung zu erzielen, muss eine gewisse Auswahl und ein gewisser Ermessensspielraum vorhanden sein,"

3.2 remarked Holmes.

bemerkte Holmes.

3.3 "This is wanting in the police report, where more stress is laid, perhaps, upon the platitudes of the magistrate than upon the details, which to an observer contain the vital essence of the whole matter.

"Daran mangelt es im Polizeibericht, wo vielleicht mehr Wert auf die Plattitüden des Richters gelegt wird als auf die Details, die für den Beobachter das Wesentliche der ganzen Angelegenheit enthalten.

3.4 Depend upon it,

Verlassen Sie sich darauf,

3.5 there is nothing so unnatural as the commonplace."

es gibt nichts Unnatürlicheres als das Gewöhnliche."

4.1 I smiled and shook my head.

Ich lächelte und schüttelte den Kopf.

4.2 "I can quite understand your thinking so," I said.

"Ich kann verstehen, dass Sie so denken," sagte ich.

"Of course, in your position of unofficial adviser
and helper to everybody who is absolutely puzzled,
throughout three continents, you are brought in
contact with all that is strange and bizarre.

4.3

"Natürlich kommen Sie in Ihrer Position als inoffizieller
Berater und Helfer für alle, die absolut verwirrt sind, auf
drei Kontinenten mit allem in Berührung, was seltsam und
bizarr ist.

But here" - I picked up the morning paper from the
ground -

4.4

Aber hier" - ich hob die Morgenzeitung vom Boden auf -

"let us put it to a practical test.

4.5

"machen wir einen praktischen Test.

Here is the first heading upon which I come.

4.6

Hier ist die erste Überschrift, auf die ich stoße.

'A husband's cruelty to his wife.'

4.7

Die Grausamkeit eines Ehemannes gegenüber seiner Frau."

There is half a column of print, but I know without
reading it that it is all perfectly familiar to me.

4.8

Es ist eine halbe Spalte gedruckt, aber ich weiß, ohne sie zu
lesen, dass mir das alles sehr vertraut ist.

There is, of course, the other woman, the drink, the
push, the blow, the bruise, the sympathetic sister or
landlady.

4.9

Da ist natürlich die andere Frau, das Getränk, der Stoß, der
Schlag, die Prellung, die mitfühlende Schwester oder die
Vermieterin.

4.10 The crudest of writers could invent nothing more crude."

Der gröbste Schriftsteller könnte nichts Gröberes erfinden."

5.1 "Indeed, your example is an unfortunate one for your argument,"

"Ihr Beispiel ist in der Tat ein unglückliches für Ihre Argumentation,"

5.2 said Holmes,

sagte Holmes,

5.3 taking the paper and glancing his eye down it.

nahm das Papier und ließ seinen Blick darüber schweifen.

5.4 "This is the Dundas separation case, and, as it happens, I was engaged in clearing up some small points in connection with it.

"Es handelt sich um den Fall der Trennung von Dundas, und zufällig war ich gerade damit beschäftigt, einige kleine Punkte in diesem Zusammenhang zu klären.

5.5 The husband was a teetotaler, there was no other woman, and the conduct complained of was that he had drifted into the habit of winding up every meal by taking out his false teeth and hurling them at his wife, which, you will allow, is not an action likely to occur to the imagination of the average story-teller.

Der Ehemann war Abstinenzler, es gab keine andere Frau, und das beanstandete Verhalten bestand darin, dass er es sich zur Gewohnheit gemacht hatte, zum Abschluss jeder Mahlzeit seine falschen Zähne herauszunehmen und sie seiner Frau entgegenzuschleudern, was, Sie werden zugeben, nicht gerade eine Handlung ist, die der Phantasie eines durchschnittlichen Geschichtenerzählers entspringt.

Take a pinch of snuff, Doctor, and acknowledge that I have scored over you in your example."

5.6

Nehmen Sie eine Prise Schnupftabak, Doktor, und geben Sie zu, dass ich Sie mit Ihrem Beispiel übertroffen habe."

He held out his snuffbox of old gold,

6.1

Er hielt mir seine Schnupftabakdose aus Altgold hin,

with a great amethyst in the centre of the lid.

6.2

mit einem großen Amethysten in der Mitte des Deckels.

Its splendour was in such contrast to his homely ways and simple life that I could not help commenting upon it.

6.3

Seine Pracht stand in einem solchen Kontrast zu seiner häuslichen Art und seinem einfachen Leben, dass ich nicht umhin konnte, sie zu kommentieren.

"Ah," said he,

7.1

"Ah," sagte er,

"I forgot that I had not seen you for some weeks.

7.2

"ich hatte vergessen, dass ich Sie seit einigen Wochen nicht mehr gesehen habe.

It is a little souvenir from the King of Bohemia in return for my assistance in the case of the Irene Adler papers."

7.3

Es ist ein kleines Souvenir vom König von Böhmen als Gegenleistung für meine Hilfe in der Sache der Irene-Adler-Papiere."

"And the ring?"

8.1

"Und der Ring?"

8.2 I asked,

fragte ich und blickte auf einen bemerkenswerten
Brillanten,

8.3 glancing at a remarkable brilliant which sparkled
upon his finger.

der an seinem Finger funkelte.

9.1 "It was from the reigning family of Holland, though
the matter in which I served them was of such
delicacy that I cannot confide it even to you, who
have been good enough to chronicle one or two of my
little problems."

"Es war von der königlichen Familie von Holland, obwohl
die Angelegenheit, in der ich ihnen diente, so delikat war,
dass ich sie nicht einmal Ihnen anvertrauen kann, der
Sie so gut waren, ein oder zwei meiner kleinen Probleme
aufzuzeichnen."

10.1 "And have you any on hand just now?"

"Und haben Sie gerade welche zur Hand?"

10.2 I asked with interest.

fragte ich mit Interesse.

11.1 "Some ten or twelve, but none which present any
feature of interest.

"Etwa zehn oder zwölf, aber keine, die irgendeine
interessante Eigenschaft aufweisen.

11.2 They are important, you understand, without being
interesting.

Sie sind wichtig, verstehen Sie, ohne interessant zu sein.

Indeed, I have found that it is usually in unimportant matters that there is a field for the observation, and for the quick analysis of cause and effect which gives the charm to an investigation.

11.3

In der Tat habe ich festgestellt, dass es in der Regel in unwichtigen Angelegenheiten ein Feld für die Beobachtung und für die schnelle Analyse von Ursache und Wirkung gibt, die den Reiz einer Untersuchung ausmacht.

The larger crimes are apt to be the simpler, for the bigger the crime the more obvious, as a rule, is the motive.

11.4

Die größeren Verbrechen sind in der Regel die einfacheren, denn je größer das Verbrechen ist, desto offensichtlicher ist in der Regel auch das Motiv.

In these cases, save for one rather intricate matter which has been referred to me from Marseilles, there is nothing which presents any features of interest.

11.5

In diesen Fällen gibt es, abgesehen von einer recht komplizierten Angelegenheit, die mir aus Marseille zugetragen wurde, nichts, was von Interesse wäre.

It is possible, however, that I may have something better before very many minutes are over, for this is one of my clients, or I am much mistaken."

11.6

Es ist jedoch möglich, dass ich in wenigen Minuten etwas Besseres weiß, denn es handelt sich um einen meiner Klienten, oder ich irre mich sehr."

He had risen from his chair and was standing between the parted blinds gazing down into the dull neutral-tinted London street.

12.1

Er hatte sich von seinem Stuhl erhoben, stand zwischen den geteilten Jalousien und blickte auf die trübe, neutral getönte Londoner Straße hinunter.

12.2 Looking over his shoulder, I saw that on the pavement opposite there stood a large woman with a heavy fur boa round her neck, and a large curling red feather in a broad-brimmed hat which was tilted in a coquettish Duchess of Devonshire fashion over her ear.

Als ich ihm über die Schulter schaute, sah ich, dass auf dem gegenüberliegenden Bürgersteig eine große Frau mit einer schweren Pelzboa um den Hals und einer großen, kräuselnden roten Feder in einem breitkrempigen Hut stand, den sie in koketter Herzogin-von-Devonshire-Manier über ihr Ohr schob.

12.3 From under this great panoply she peeped up in a nervous, hesitating fashion at our windows, while her body oscillated backward and forward, and her fingers fidgeted with her glove buttons.

Unter diesem großen Gewand spähte sie nervös und zögernd zu unseren Fenstern hinauf, während ihr Körper hin und her schwankte und ihre Finger mit den Knöpfen ihrer Handschuhe herumfuchtelten.

12.4 Suddenly, with a plunge, as of the swimmer who leaves the bank, she hurried across the road, and we heard the sharp clang of the bell.

Plötzlich eilte sie mit einem Sprung, wie ein Schwimmer, der das Ufer verlässt, über die Straße, und wir hörten das scharfe Klirren der Glocke.

13.1 "I have seen those symptoms before,"

"Diese Symptome habe ich schon einmal gesehen,"

13.2 said Holmes, throwing his cigarette into the fire.

sagte Holmes und warf seine Zigarette ins Feuer.

"Oscillation upon the pavement always means an affaire de cœur.

13.3

"Oszillation auf dem Bürgersteig bedeutet immer eine Herzensangelegenheit.

She would like advice, but is not sure that the matter is not too delicate for communication.

13.4

Sie möchte einen Rat, ist sich aber nicht sicher, ob die Angelegenheit nicht zu heikel für eine Mitteilung ist.

And yet even here we may discriminate.

13.5

Doch auch hier können wir unterscheiden.

When a woman has been seriously wronged by a man she no longer oscillates, and the usual symptom is a broken bell wire.

13.6

Wenn einer Frau von einem Mann ernsthaftes Unrecht angetan wurde, schwankt sie nicht mehr, und das übliche Symptom ist ein gebrochener Klingeldraht.

Here we may take it that there is a love matter, but that the maiden is not so much angry as perplexed, or grieved.

13.7

Hier können wir davon ausgehen, dass es sich um eine Liebesangelegenheit handelt, aber dass das Mädchen nicht so sehr wütend als vielmehr verwirrt oder betrübt ist.

But here she comes in person to resolve our doubts."

13.8

Aber hier kommt sie persönlich, um unsere Zweifel zu beseitigen."

14.1 As he spoke there was a tap at the door, and the boy in buttons entered to announce Miss Mary Sutherland, while the lady herself loomed behind his small black figure like a full-sailed merchant-man behind a tiny pilot boat.

Während er sprach, klopfte es an der Tür, und der Junge in Knöpfen trat ein, um Miss Mary Sutherland anzukündigen, während die Dame selbst hinter seiner kleinen schwarzen Gestalt auftauchte wie ein Handelsmann mit vollen Segeln hinter einem kleinen Lotsenboot.

14.2 Sherlock Holmes welcomed her with the easy courtesy for which he was remarkable, and, having closed the door and bowed her into an armchair, he looked her over in the minute and yet abstracted fashion which was peculiar to him.

Sherlock Holmes empfing sie mit der ihm eigenen Höflichkeit, und nachdem er die Tür geschlossen und sie in einen Sessel verfrachtet hatte, betrachtete er sie mit der ihm eigenen wachen und doch abstrakten Art.

15.1 "Do you not find," he said,

"Finden Sie nicht," sagte er,

15.2 "that with your short sight it is a little trying to do so much typewriting?"

"dass es mit Ihrer Sehschwäche ein wenig anstrengend ist, so viel zu tippen?"

16.1 "I did at first," she answered,

"Anfangs schon," antwortete sie,

16.2 "but now I know where the letters are without looking."

"aber jetzt weiß ich, wo die Buchstaben sind, ohne hinzusehen."

Then, suddenly realising the full purport of his words, she gave a violent start and looked up, with fear and astonishment upon her broad, good-humoured face.   16.3

Als sie plötzlich den vollen Sinn seiner Worte erkannte, zuckte sie heftig zusammen und blickte mit Angst und Erstaunen in ihrem breiten, gut gelaunten Gesicht auf.

"You've heard about me, Mr. Holmes," she cried,   16.4

"Sie haben von mir gehört, Mr. Holmes," rief sie,

"else how could you know all that?"   16.5

"wie könnten Sie sonst all das wissen?"

"Never mind," said Holmes, laughing;   17.1

"Macht nichts," sagte Holmes lachend;

"it is my business to know things.   17.2

"es ist meine Aufgabe, Dinge zu wissen.

Perhaps I have trained myself to see what others overlook.   17.3

Vielleicht habe ich mir beigebracht, zu sehen, was andere übersehen.

If not, why should you come to consult me?"   17.4

Wenn nicht, warum sollten Sie dann zu mir kommen?"

"I came to you, sir, because I heard of you from Mrs. Etherege, whose husband you found so easy when the police and everyone had given him up for dead.   18.1

"Ich bin zu Ihnen gekommen, Sir, weil ich von Mrs. Etherege von Ihnen gehört habe, deren Mann Sie so leicht gefunden haben, als die Polizei und alle anderen ihn für tot hielten.

18.2 Oh, Mr. Holmes, I wish you would do as much for me.

Oh, Mr. Holmes, ich wünschte, Sie würden so viel für mich tun.

18.3 I'm not rich, but still I have a hundred a year in my own right, besides the little that I make by the machine, and I would give it all to know what has become of Mr. Hosmer Angel."

Ich bin nicht reich, aber ich habe immerhin hundert im Jahr, neben dem bisschen, das ich mit der Maschine verdiene, und ich würde alles geben, um zu erfahren, was aus Mr. Hosmer Angel geworden ist."

19.1 "Why did you come away to consult me in such a hurry?"

"Warum haben Sie es so eilig, mich zu konsultieren?"

19.2 asked Sherlock Holmes, with his finger-tips together and his eyes to the ceiling.

fragte Sherlock Holmes mit zusammengelegten Fingerspitzen und dem Blick zur Decke.

20.1 Again a startled look came over the somewhat vacuous face of Miss Mary Sutherland.

Wieder ging ein erschrockener Blick über das etwas leere Gesicht von Miss Mary Sutherland.

20.2 "Yes, I did bang out of the house," she said,

"Ja, ich bin aus dem Haus geflüchtet," sagte sie,

20.3 "for it made me angry to see the easy way in which Mr. Windibank -

"denn es hat mich wütend gemacht, wie leicht Mr. Windibank -

that is, my father - took it all.

20.4

also mein Vater - alles hingenommen hat.

He would not go to the police, and he would not go to you, and so at last, as he would do nothing and kept on saying that there was no harm done, it made me mad, and I just on with my things and came right away to you."

20.5

Er wollte nicht zur Polizei gehen und auch nicht zu Ihnen, und als er schließlich nichts unternahm und immer wieder sagte, es sei nichts passiert, wurde ich wütend, und ich nahm meine Sachen und kam sofort zu Ihnen."

"Your father," said Holmes,

21.1

"Dein Vater," sagte Holmes,

"your stepfather, surely, since the name is different."

21.2

"dein Stiefvater, sicherlich, denn der Name ist anders."

"Yes, my stepfather.

22.1

"Ja, mein Stiefvater.

I call him father, though it sounds funny, too, for he is only five years and two months older than myself."

22.2

Ich nenne ihn Vater, obwohl das auch komisch klingt, denn er ist nur fünf Jahre und zwei Monate älter als ich."

"And your mother is alive?"

23.1

"Und deine Mutter lebt?"

"Oh, yes, mother is alive and well.

24.1

"Oh ja, Mutter lebt und ist wohlauf.

24.2 I wasn't best pleased, Mr. Holmes, when she married again so soon after father's death, and a man who was nearly fifteen years younger than herself.

Ich war nicht sehr erfreut, Mr. Holmes, als sie so bald nach Vaters Tod wieder heiratete, und zwar einen Mann, der fast fünfzehn Jahre jünger war als sie selbst.

24.3 Father was a plumber in the Tottenham Court Road, and he left a tidy business behind him, which mother carried on with Mr. Hardy, the foreman;

Vater war Klempner in der Tottenham Court Road, und er hinterließ ein ordentliches Geschäft, das Mutter mit Mr. Hardy, dem Vorarbeiter, weiterführte;

24.4 but when Mr. Windibank came he made her sell the business, for he was very superior, being a traveller in wines.

aber als Mr. Windibank kam, zwang er sie, das Geschäft zu verkaufen, denn er war sehr überlegen, da er ein Reisender in Weinen war.

24.5 They got £ 4700 for the goodwill and interest, which wasn't near as much as father could have got if he had been alive."

Sie erhielten 4700 Pfund für den Geschäftswert und die Zinsen, was nicht annähernd so viel war, wie Vater hätte bekommen können, wenn er noch am Leben gewesen wäre."

25.1 I had expected to see Sherlock Holmes impatient under this rambling and inconsequential narrative, but, on the contrary, he had listened with the greatest concentration of attention.

Ich hatte erwartet, dass Sherlock Holmes bei dieser weitschweifigen und belanglosen Erzählung ungeduldig werden würde, aber im Gegenteil, er hatte mit größter Aufmerksamkeit zugehört.

"Your own little income," he asked, 26.1
"Ihr eigenes kleines Einkommen," fragte er,

"does it come out of the business?" 26.2
"stammt es aus dem Geschäft?"

"Oh, no, sir. 27.1
"Oh nein, Sir.

It is quite separate and was left me by my uncle Ned in 27.2
Auckland.
Es ist etwas ganz anderes und wurde mir von meinem
Onkel Ned in Auckland hinterlassen.

It is in New Zealand stock, 27.3
Es handelt sich um neuseeländische Aktien,

paying 4½ per cent. 27.4
die mit 4½ Prozent verzinst werden.

Two thousand five hundred pounds was the amount, 27.5
Zweitausendfünfhundert Pfund war der Betrag,

but I can only touch the interest." 27.6
aber ich kann nur die Zinsen anfassen."

"You interest me extremely," said Holmes. 28.1
"Sie interessieren mich sehr," sagte Holmes.

"And since you draw so large a sum as a hundred a 28.2
year, with what you earn into the bargain, you no
doubt travel a little and indulge yourself in every
way.
"Und da Sie eine so große Summe wie hundert Pfund im
Jahr beziehen, mit dem, was Sie dazu verdienen, reisen
Sie zweifellos ein wenig und lassen sich in jeder Hinsicht
verwöhnen.

28.3 I believe that a single lady can get on very nicely upon an income of about £ 60."

Ich glaube, dass eine alleinstehende Dame mit einem Einkommen sehr gut auskommen kann, von etwa £ 60."

29.1 "I could do with much less than that, Mr. Holmes, but you understand that as long as I live at home I don't wish to be a burden to them, and so they have the use of the money just while I am staying with them.

"Ich könnte mit viel weniger auskommen, Mr. Holmes, aber Sie verstehen, dass ich ihnen nicht zur Last fallen möchte, solange ich zu Hause wohne, und so können sie das Geld verwenden, solange ich bei ihnen wohne.

29.2 Of course, that is only just for the time.

Natürlich ist das nur für eine gewisse Zeit.

29.3 Mr. Windibank draws my interest every quarter and pays it over to mother, and I find that I can do pretty well with what I earn at typewriting.

Mr. Windibank hebt vierteljährlich meine Zinsen ab und überweist sie an Mutter, und ich finde, dass ich mit dem, was ich mit der Schreibmaschine verdiene, ziemlich gut auskomme.

29.4 It brings me twopence a sheet,

Es bringt mir zwei Pence pro Blatt,

29.5 and I can often do from fifteen to twenty sheets in a day."

und ich schaffe oft fünfzehn bis zwanzig Blätter an einem Tag."

30.1 "You have made your position very clear to me,"

"Sie haben mir Ihren Standpunkt sehr deutlich gemacht,"

said Holmes. 30.2
sagte Holmes.

"This is my friend, Dr. Watson, before whom you can 30.3
speak as freely as before myself.
"Dies ist mein Freund Dr. Watson, vor dem Sie genauso frei
sprechen können wie vor mir.

Kindly tell us now all about your connection with Mr. 30.4
Hosmer Angel."
Erzählen Sie uns jetzt bitte alles über Ihre Verbindung zu
Mr. Hosmer Angel."

A flush stole over Miss Sutherland's face, 31.1
Miss Sutherland errötete,

and she picked nervously at the fringe of her jacket. 31.2
und sie zupfte nervös an den Fransen ihrer Jacke.

"I met him first at the gasfitters' ball," 31.3
"Ich habe ihn zum ersten Mal auf dem Ball der Gaswerker
getroffen,"

she said. 31.4
sagte sie.

"They used to send father tickets when he was alive, 31.5
and then afterwards they remembered us, and sent
them to mother.
"Sie schickten Vater Karten, als er noch lebte, und danach
erinnerten sie sich an uns und schickten sie an Mutter.

Mr. Windibank did not wish us to go. 31.6
Mr. Windibank wollte nicht, dass wir hingehen.

He never did wish us to go anywhere. 31.7
Er hat sich nie gewünscht, dass wir irgendwohin gehen.

31.8 He would get quite mad if I wanted so much as to join
a Sunday-school treat.

Er wurde ziemlich wütend, wenn ich auch nur an einer
Sonntagsschulveranstaltung teilnehmen wollte.

31.9 But this time I was set on going, and I would go; for
what right had he to prevent?

Aber dieses Mal wollte ich unbedingt gehen, und ich
würde gehen, denn welches Recht hatte er, mich daran
zu hindern?

31.10 He said the folk were not fit for us to know, when all
father's friends were to be there.

Er sagte, die Leute seien nicht geeignet, dass wir sie
kennenlernen, wenn alle Freunde des Vaters dort sein
würden.

31.11 And he said that I had nothing fit to wear, when I had
my purple plush that I had never so much as taken
out of the drawer.

Und er sagte, ich hätte nichts Passendes zum Anziehen, wo
ich doch meinen lila Plüsch habe, den ich noch nie aus der
Schublade genommen habe.

31.12 At last, when nothing else would do, he went off to
France upon the business of the firm, but we went,
mother and I, with Mr. Hardy, who used to be our
foreman, and it was there I met Mr. Hosmer Angel."

Schließlich, als nichts anderes mehr ging, ging er nach
Frankreich, um die Geschäfte der Firma zu erledigen, aber
wir gingen, Mutter und ich, mit Mr. Hardy, der unser
Vorarbeiter war, und dort lernte ich Mr. Hosmer Angel
kennen."

32.1 "I suppose," said Holmes,

"Ich nehme an," sagte Holmes,

"that when Mr. Windibank came back from France he was very annoyed at your having gone to the ball."

32.2

"dass Mr. Windibank, als er aus Frankreich zurückkam, sehr verärgert darüber war, dass Sie zum Ball gegangen sind."

"Oh, well, he was very good about it.

33.1

"Oh, nun, er war sehr gut darin.

He laughed, I remember, and shrugged his shoulders, and said there was no use denying anything to a woman, for she would have her way."

33.2

Ich erinnere mich, dass er lachte, mit den Schultern zuckte und sagte, es sei sinnlos, einer Frau etwas abzuschlagen, denn sie würde ihren Willen bekommen."

"I see.

34.1

"Ich verstehe.

Then at the gasfitters' ball you met, as I understand, a gentleman called Mr. Hosmer Angel."

34.2

Dann haben Sie auf dem Gaswerkerball einen Herrn namens Mr. Hosmer Angel kennengelernt, wie ich hörte."

"Yes, sir.

35.1

"Ja, Sir.

I met him that night, and he called next day to ask if we had got home all safe, and after that we met him -

35.2

Ich traf ihn an diesem Abend, und er rief am nächsten Tag an, um zu fragen, ob wir gut nach Hause gekommen seien, und danach trafen wir ihn -

35.3 that is to say, Mr. Holmes, I met him twice for walks, but after that father came back again, and Mr. Hosmer Angel could not come to the house any more."

das heißt, Mr. Holmes, ich traf ihn zweimal zum Spazierengehen, aber danach kam Vater wieder zurück, und Mr. Hosmer Angel konnte nicht mehr zum Haus kommen."

36.1 "No?"

"Nein?"

37.1 "Well, you know father didn't like anything of the sort.

"Nun, du weißt, dass Vater so etwas nicht mochte.

37.2 He wouldn't have any visitors if he could help it, and he used to say that a woman should be happy in her own family circle.

Er wollte keinen Besuch haben, wenn er es vermeiden konnte, und er sagte immer, dass eine Frau in ihrem eigenen Familienkreis glücklich sein sollte.

37.3 But then, as I used to say to mother, a woman wants her own circle to begin with, and I had not got mine yet."

Aber, wie ich zu Mutter zu sagen pflegte, eine Frau braucht am Anfang ihren eigenen Kreis, und ich hatte meinen noch nicht bekommen."

38.1 "But how about Mr. Hosmer Angel?

"Aber was ist mit Mr. Hosmer Angel?

38.2 Did he make no attempt to see you?"

Hat er keinen Versuch unternommen, Sie zu sehen?"

"Well, father was going off to France again in a week, and Hosmer wrote and said that it would be safer and better not to see each other until he had gone.

39.1

"Nun, Vater sollte in einer Woche wieder nach Frankreich gehen, und Hosmer schrieb und meinte, es sei sicherer und besser, sich nicht zu sehen, bis er weg sei.

We could write in the meantime,

39.2

In der Zwischenzeit könnten wir uns schreiben,

and he used to write every day.

39.3

und er schrieb jeden Tag.

I took the letters in in the morning,

39.4

Ich habe die Briefe morgens mitgenommen,

so there was no need for father to know."

39.5

so dass Vater nichts davon erfahren musste."

"Were you engaged to the gentleman at this time?"

40.1

"Waren Sie zu dieser Zeit mit dem Herrn verlobt?"

"Oh, yes, Mr. Holmes.

41.1

"Oh, ja, Mr. Holmes.

We were engaged after the first walk that we took.

41.2

Wir waren verlobt nach dem ersten Spaziergang, den wir machten.

Hosmer — Mr. Angel — was a cashier in an office in Leadenhall Street — and — "

41.3

Hosmer, Mr. Angel, war Kassierer in einem Büro in der Leadenhall Street ..."

"What office?"

42.1

"Welches Büro?"

214

43.1 "That's the worst of it, Mr. Holmes, I don't know."
"Das ist das Schlimmste daran, Mr. Holmes, ich weiß es nicht."

44.1 "Where did he live, then?"
"Wo hat er denn gewohnt?"

45.1 "He slept on the premises."
"Er hat auf dem Gelände geschlafen."

46.1 "And you don't know his address?"
"Und du kennst seine Adresse nicht?"

47.1 "No - except that it was Leadenhall Street."
"Nein - außer, dass es die Leadenhall Street war."

48.1 "Where did you address your letters, then?"
"An wen haben Sie denn Ihre Briefe gerichtet?"

49.1 "To the Leadenhall Street Post Office, to be left till called for.
"An das Postamt in der Leadenhall Street, wo sie aufbewahrt werden, bis sie abgeholt werden.

He said that if they were sent to the office he would
be chaffed by all the other clerks about having letters
from a lady, so I offered to typewrite them, like he
did his, but he wouldn't have that, for he said that
when I wrote them they seemed to come from me,
but when they were typewritten he always felt that
the machine had come between us.

49.2

Er sagte, wenn er sie ins Büro schicke, würden ihn die
anderen Angestellten anschnauzen, weil er Briefe von einer
Dame habe, also bot ich an, sie mit der Schreibmaschine
zu schreiben, so wie er seine, aber das wollte er nicht, denn
er sagte, wenn ich sie schrieb, schienen sie von mir zu
kommen, aber wenn sie mit der Maschine geschrieben
waren, hatte er immer das Gefühl, dass die Maschine
zwischen uns stand.

That will just show you how fond he was of me, Mr.
Holmes, and the little things that he would think of."

49.3

Das zeigt Ihnen, wie sehr er mich mochte, Mr. Holmes, und
an welche Kleinigkeiten er dachte."

"It was most suggestive," said Holmes.

50.1

"Das war sehr anregend," sagte Holmes.

"It has long been an axiom of mine that the little
things are infinitely the most important.

50.2

"Es ist seit langem ein Grundsatz von mir, dass die kleinen
Dinge die unendlich wichtigsten sind.

Can you remember any other little things about Mr.
Hosmer Angel?"

50.3

Können Sie sich noch an andere kleine Dinge über Mr.
Hosmer Angel erinnern?"

"He was a very shy man, Mr. Holmes.

51.1

"Er war ein sehr schüchterner Mann, Mr. Holmes.

216

51.2 He would rather walk with me in the evening than in the daylight, for he said that he hated to be conspicuous.

Er ging lieber abends mit mir spazieren als bei Tageslicht, denn er sagte, dass er es hasste, aufzufallen.

51.3 Very retiring and gentlemanly he was.

Er war sehr zurückhaltend und gentlemanlike.

51.4 Even his voice was gentle.

Sogar seine Stimme war sanft.

51.5 He'd had the quinsy and swollen glands when he was young, he told me, and it had left him with a weak throat, and a hesitating, whispering fashion of speech.

Als er jung war, erzählte er mir, hatte er eine Mandelentzündung und geschwollene Drüsen gehabt, was ihm eine schwache Kehle und eine zögernde, flüsternde Art zu sprechen beschert hatte.

51.6 He was always well dressed, very neat and plain, but his eyes were weak, just as mine are, and he wore tinted glasses against the glare."

Er war immer gut gekleidet, sehr ordentlich und schlicht, aber seine Augen waren schwach, so wie meine auch, und er trug eine getönte Brille gegen das grelle Licht."

52.1 "Well, and what happened when Mr. Windibank, your stepfather, returned to France?"

"Und was geschah, als Mr. Windibank, dein Stiefvater, nach Frankreich zurückkehrte?"

"Mr. Hosmer Angel came to the house again and proposed that we should marry before father came back.

53.1

"Mr. Hosmer Angel kam wieder ins Haus und schlug vor, dass wir heiraten sollten, bevor Vater zurückkam.

He was in dreadful earnest and made me swear, with my hands on the Testament, that whatever happened I would always be true to him.

53.2

Er meinte es furchtbar ernst und ließ mich mit meinen Händen auf dem Testament schwören, dass ich ihm immer treu sein würde, was auch immer geschehen würde.

Mother said he was quite right to make me swear, and that it was a sign of his passion.

53.3

Mutter sagte, es sei ganz richtig, dass er mich schwören ließ, und es sei ein Zeichen seiner Leidenschaft.

Mother was all in his favour from the first and was even fonder of him than I was.

53.4

Mutter war von Anfang an für ihn und mochte ihn sogar noch lieber als ich.

Then, when they talked of marrying within the week, I began to ask about father;

53.5

Als sie dann davon sprachen, innerhalb einer Woche zu heiraten, begann ich nach Vater zu fragen;

but they both said never to mind about father, but just to tell him afterwards, and mother said she would make it all right with him.

53.6

aber beide sagten, ich solle mir keine Gedanken über Vater machen, sondern es ihm einfach später sagen, und Mutter sagte, sie würde alles mit ihm regeln.

I didn't quite like that, Mr. Holmes.

53.7

Das gefiel mir nicht ganz, Mr. Holmes.

53.8 It seemed funny that I should ask his leave, as he was only a few years older than me;

Es kam mir komisch vor, dass ich ihn um seinen Urlaub bitten sollte, da er nur ein paar Jahre älter war als ich;

53.9 but I didn't want to do anything on the sly, so I wrote to father at Bordeaux, where the company has its French offices, but the letter came back to me on the very morning of the wedding."

aber ich wollte nichts heimlich tun, also schrieb ich an Vater nach Bordeaux, wo die Firma ihre französischen Büros hat, aber der Brief kam noch am Morgen der Hochzeit zurück."

54.1 "It missed him, then?"

"Es hat ihn also verfehlt?"

55.1 "Yes, sir;

"Ja, Sir;

55.2 for he had started to England just before it arrived."

denn er war gerade nach England aufgebrochen, bevor es ankam."

56.1 "Ha! that was unfortunate.

"Ha! Das war unglücklich.

56.2 Your wedding was arranged, then, for the Friday.

Eure Hochzeit wurde also für den Freitag arrangiert.

56.3 Was it to be in church?"

Sollte sie in der Kirche stattfinden?"

57.1 "Yes, sir, but very quietly.

"Ja, Sir, aber ganz leise.

It was to be at St. Saviour's, near King's Cross, and we were to have breakfast afterwards at the St. Pancras Hotel.

57.2

Es sollte in St. Saviour's sein, in der Nähe von King's Cross, und wir sollten danach im St. Pancras Hotel frühstücken.

Hosmer came for us in a hansom, but as there were two of us he put us both into it and stepped himself into a four-wheeler, which happened to be the only other cab in the street.

57.3

Hosmer holte uns in einer Droschke ab, aber da wir zu zweit waren, setzte er uns beide hinein und stieg selbst in ein vierrädriges Auto, das zufällig das einzige andere Taxi auf der Straße war.

We got to the church first, and when the four-wheeler drove up we waited for him to step out, but he never did, and when the cabman got down from the box and looked there was no one there!

57.4

Wir kamen zuerst an der Kirche an, und als das Vierrad vorfuhr, warteten wir darauf, dass er ausstieg, aber er tat es nicht, und als der Droschkenkutscher aus der Box stieg und nachschaute, war niemand da!

The cabman said that he could not imagine what had become of him, for he had seen him get in with his own eyes.

57.5

Der Taxifahrer sagte, er könne sich nicht vorstellen, was aus ihm geworden sei, denn er habe ihn mit eigenen Augen einsteigen sehen.

That was last Friday, Mr. Holmes, and I have never seen or heard anything since then to throw any light upon what became of him."

57.6

Das war letzten Freitag, Mr. Holmes, und ich habe seitdem nichts mehr gesehen oder gehört, was Aufschluss darüber geben könnte, was aus ihm geworden ist."

58.1 "It seems to me that you have been very shamefully treated,"

"Ich habe den Eindruck, dass Sie sehr schändlich behandelt worden sind,"

58.2 said Holmes.

sagte Holmes.

59.1 "Oh, no, sir!

"Oh, nein, Herr!

59.2 He was too good and kind to leave me so.

Er war zu gut und freundlich, um mich so zu verlassen.

59.3 Why, all the morning he was saying to me that, whatever happened, I was to be true; and that even if something quite unforeseen occurred to separate us, I was always to remember that I was pledged to him, and that he would claim his pledge sooner or later.

Den ganzen Morgen über sagte er zu mir, dass ich ihm treu sein solle, was auch immer geschehe, und dass ich, selbst wenn etwas Unvorhergesehenes uns trennen sollte, immer daran denken solle, dass ich ihm versprochen sei und dass er sein Versprechen früher oder später einfordern werde.

59.4 It seemed strange talk for a wedding-morning, but what has happened since gives a meaning to it."

Es schien ein seltsames Gerede für einen Hochzeitsmorgen zu sein, aber was seitdem geschehen ist, gibt ihm einen Sinn."

60.1 "Most certainly it does.

"Ganz bestimmt.

Your own opinion is, then, that some unforeseen catastrophe has occurred to him?"

60.2

Sie sind also der Meinung, dass ihm eine unvorhergesehene Katastrophe widerfahren ist?"

"Yes, sir.

61.1

"Ja, Sir.

I believe that he foresaw some danger, or else he would not have talked so.

61.2

Ich glaube, dass er eine Gefahr vorausgesehen hat, sonst hätte er nicht so gesprochen.

And then I think that what he foresaw happened."

61.3

Und dann glaube ich, dass das, was er vorausgesehen hat, auch eingetreten ist."

"But you have no notion as to what it could have been?"

62.1

"Aber Sie haben keine Ahnung, was es gewesen sein könnte?"

"None."

63.1

"Keine."

"One more question. How did your mother take the matter?"

64.1

"Eine Frage noch. Wie hat Ihre Mutter die Sache aufgenommen?"

"She was angry,

65.1

"Sie war wütend und sagte,

65.2 and said that I was never to speak of the matter again."

ich solle nie wieder über diese Sache sprechen."

66.1 "And your father? Did you tell him?"

"Und dein Vater? Hast du es ihm gesagt?"

67.1 "Yes; and he seemed to think, with me, that something had happened, and that I should hear of Hosmer again.

"Ja, und er schien mit mir zu denken, dass etwas passiert war und dass ich wieder von Hosmer hören würde.

67.2 As he said, what interest could anyone have in bringing me to the doors of the church, and then leaving me?

Wie er sagte, welches Interesse könnte jemand daran haben, mich an die Türen der Kirche zu bringen und mich dann zu verlassen?

67.3 Now, if he had borrowed my money, or if he had married me and got my money settled on him, there might be some reason, but Hosmer was very independent about money and never would look at a shilling of mine.

Wenn er sich mein Geld geliehen hätte oder wenn er mich geheiratet hätte und mein Geld auf ihn übertragen worden wäre, hätte es vielleicht einen Grund gegeben, aber Hosmer war sehr unabhängig, was Geld anging, und hätte nie einen Schilling von mir gesehen.

67.4 And yet, what could have happened?

Und dennoch, was könnte passiert sein?

67.5 And why could he not write?

Und warum konnte er nicht schreiben?

Oh, it drives me half-mad to think of it, and I can't sleep a wink at night." 67.6

Oh, es macht mich halb wahnsinnig, wenn ich daran denke, und ich kann nachts kein Auge zutun."

She pulled a little handkerchief out of her muff and began to sob heavily into it. 67.7

Sie zog ein kleines Taschentuch aus ihrem Muff und begann heftig darin zu schluchzen.

"I shall glance into the case for you," 68.1

"Ich werde den Fall für Sie untersuchen,"

said Holmes, rising, 68.2

sagte Holmes und erhob sich,

"and I have no doubt that we shall reach some definite result. 68.3

"und ich habe keinen Zweifel daran, dass wir zu einem eindeutigen Ergebnis kommen werden.

Let the weight of the matter rest upon me now, 68.4

Lassen Sie das Gewicht der Angelegenheit jetzt auf mir ruhen,

and do not let your mind dwell upon it further. 68.5

und lassen Sie Ihren Geist nicht weiter darüber nachdenken.

Above all, try to let Mr. Hosmer Angel vanish from your memory, as he has done from your life." 68.6

Versuchen Sie vor allem, Mr. Hosmer Angel aus Ihrem Gedächtnis verschwinden zu lassen, wie er aus Ihrem Leben verschwunden ist."

69.1 **"Then you don't think I'll see him again?"**
"Du glaubst also nicht, dass ich ihn wiedersehen werde?"

70.1 **"I fear not."**
"Ich fürchte nicht."

71.1 **"Then what has happened to him?"**
"Was ist dann mit ihm passiert?"

72.1 **"You will leave that question in my hands.**
"Diese Frage werden Sie mir überlassen.

72.2 **I should like an accurate description of him and any letters of his which you can spare."**
Ich hätte gerne eine genaue Beschreibung von ihm und alle Briefe von ihm, die Sie entbehren können."

73.1 **"I advertised for him in last Saturday's Chronicle,"**
"Ich habe im Chronicle vom letzten Samstag für ihn geworben,"

73.2 **said she.**
sagte sie.

73.3 **"Here is the slip and here are four letters from him."**
"Hier ist der Zettel und hier sind vier Briefe von ihm."

74.1 **"Thank you. And your address?"**
"Danke. Und Ihre Adresse?"

75.1 **"No. 31 Lyon Place, Camberwell."**
"Nr. 31 Lyon Place, Camberwell."

"Mr. Angel's address you never had, I understand.   76.1
"Die Adresse von Mr. Angel hatten Sie nie, soweit ich weiß.

Where is your father's place of business?"   76.2
Wo ist der Geschäftssitz Ihres Vaters?"

"He travels for Westhouse & Marbank,   77.1
"Er reist für Westhouse & Marbank,

the great claret importers of Fenchurch Street."   77.2
die großen Claret-Importeure in der Fenchurch Street."

"Thank you. You have made your statement very   78.1
clearly.
"Ich danke Ihnen. Sie haben sich sehr deutlich geäußert.

You will leave the papers here, and remember the   78.2
advice which I have given you.
Lassen Sie die Papiere hier, und denken Sie an den Rat, den
ich Ihnen gegeben habe.

Let the whole incident be a sealed book,   78.3
Lassen Sie den ganzen Vorfall ein versiegeltes Buch sein
und erlauben Sie nicht,

and do not allow it to affect your life."   78.4
dass er Ihr Leben beeinflusst."

"You are very kind, Mr. Holmes, but I cannot do that.   79.1
"Sie sind sehr freundlich, Mr. Holmes, aber das kann ich
nicht tun.

I shall be true to Hosmer.   79.2
Ich werde Hosmer treu sein.

79.3 **He shall find me ready when he comes back."**
Er wird mich bereit finden, wenn er zurückkommt."

80.1 **For all the preposterous hat and the vacuous face,**
Trotz des absurden Hutes und des leeren Gesichts hatte der
einfache Glaube unserer Besucherin etwas Edles an sich,

80.2 **there was something noble in the simple faith of our
visitor which compelled our respect.**
das uns Respekt abnötigte.

80.3 **She laid her little bundle of papers upon the table
and went her way, with a promise to come again
whenever she might be summoned.**
Sie legte ihr kleines Bündel Papiere auf den Tisch und ging,
mit dem Versprechen, wiederzukommen, wann immer
man sie rufen würde.

81.1 **Sherlock Holmes sat silent for a few minutes with his
fingertips still pressed together, his legs stretched out
in front of him, and his gaze directed upward to the
ceiling.**
Sherlock Holmes saß einige Minuten lang schweigend da,
die Fingerspitzen immer noch aneinandergepresst, die
Beine vor sich ausgestreckt und den Blick nach oben zur
Decke gerichtet.

Then he took down from the rack the old and oily clay pipe, which was to him as a counsellor, and, having lit it, he leaned back in his chair, with the thick blue cloud-wreaths spinning up from him, and a look of infinite languor in his face. 81.2

Dann nahm er die alte, ölige Tonpfeife, die ihm als Ratgeber diente, von der Ablage und lehnte sich, nachdem er sie angezündet hatte, in seinem Stuhl zurück, wobei die dicken blauen Wolkenkränze von ihm aufstiegen und sein Gesicht einen Ausdruck unendlicher Trägheit hatte.

"Quite an interesting study, that maiden," 82.1

"Dieses Mädchen ist eine recht interessante Studie,"

he observed. 82.2

bemerkte er.

"I found her more interesting than her little problem, which, by the way, is rather a trite one. 82.3

"Ich fand sie interessanter als ihr kleines Problem, das im Übrigen ziemlich banal ist.

You will find parallel cases, if you consult my index, in Andover in 82.4

Wenn Sie meinen Index konsultieren, werden Sie parallele Fälle in Andover

'77, 82.5

'77 finden,

and there was something of the sort at The Hague last year. 82.6

und etwas in der Art gab es letztes Jahr in Den Haag.

82.7 Old as is the idea, however, there were one or two details which were new to me.
So alt die Idee auch ist, so gab es doch ein oder zwei Details, die mir neu waren.

82.8 But the maiden herself was most instructive."
Aber das Mädchen selbst war sehr aufschlussreich."

83.1 "You appeared to read a good deal upon her which was quite invisible to me,"
"Sie schienen viel in ihr zu lesen, was für mich nicht sichtbar war,"

83.2 I remarked.
bemerkte ich.

84.1 "Not invisible but unnoticed, Watson.
"Nicht unsichtbar, sondern unbemerkt, Watson.

84.2 You did not know where to look, and so you missed all that was important.
Sie wussten nicht, wo Sie hinschauen sollten, und so haben Sie alles Wichtige übersehen.

84.3 I can never bring you to realise the importance of sleeves, the suggestiveness of thumb-nails, or the great issues that may hang from a boot-lace.
Ich kann Sie nie dazu bringen, die Bedeutung von Ärmeln, die Aussagekraft von Daumennägeln oder die großen Themen, die an einem Schnürsenkel hängen können, zu erkennen.

84.4 Now, what did you gather from that woman's appearance?
Also, was hast du aus dem Aussehen dieser Frau geschlossen?

Describe it. "

84.5

Beschreiben Sie es. "

"Well, she had a slate-coloured, broad-brimmed straw hat, with a feather of a brickish red.

85.1

"Nun, sie hatte einen schieferfarbenen, breitkrempigen Strohhut mit einer ziegelroten Feder.

Her jacket was black, with black beads sewn upon it, and a fringe of little black jet ornaments.

85.2

Ihre Jacke war schwarz, mit aufgenähten schwarzen Perlen und einem Saum aus kleinen schwarzen Jet-Ornamenten.

Her dress was brown, rather darker than coffee colour, with a little purple plush at the neck and sleeves.

85.3

Ihr Kleid war braun, eher dunkler als kaffeefarben, mit ein wenig violettem Plüsch an Hals und Ärmeln.

Her gloves were greyish and were worn through at the right forefinger.

85.4

Ihre Handschuhe waren gräulich und am rechten Zeigefinger durchgescheuert.

Her boots I didn't observe.

85.5

Ihre Stiefel habe ich nicht gesehen.

She had small round, hanging gold earrings, and a general air of being fairly well-to-do in a vulgar, comfortable, easy-going way."

85.6

Sie trug kleine runde, hängende goldene Ohrringe und wirkte allgemein ziemlich wohlhabend auf eine vulgäre, bequeme und lockere Art."

86.1 **Sherlock Holmes clapped his hands softly together and chuckled.**
Sherlock Holmes klatschte leise in die Hände und gluckste.

87.1 **"'Pon my word, Watson, you are coming along wonderfully.**
"Pon my word, Watson, Sie machen wunderbare Fortschritte.

87.2 **You have really done very well indeed.**
Das haben Sie wirklich sehr gut gemacht.

87.3 **It is true that you have missed everything of importance, but you have hit upon the method, and you have a quick eye for colour.**
Es stimmt, dass Sie alles Wichtige übersehen haben, aber Sie haben die Methode gefunden, und Sie haben ein gutes Auge für Farben.

87.4 **Never trust to general impressions, my boy, but concentrate yourself upon details.**
Verlassen Sie sich nie auf allgemeine Eindrücke, mein Junge, sondern konzentrieren Sie sich auf Details.

87.5 **My first glance is always at a woman's sleeve.**
Mein erster Blick gilt immer dem Ärmel einer Frau.

87.6 **In a man it is perhaps better first to take the knee of the trouser.**
Bei einem Mann ist es vielleicht besser, zuerst das Knie der Hose zu betrachten.

87.7 **As you observe, this woman had plush upon her sleeves, which is a most useful material for showing traces.**
Wie Sie sehen, hatte diese Frau Plüsch an den Ärmeln, was ein sehr nützliches Material ist, um Spuren zu zeigen.

The double line a little above the wrist, where the typewritist presses against the table, was beautifully defined.

87.8

Die Doppellinie etwas oberhalb des Handgelenks, wo die Schreibkraft auf den Tisch drückt, war schön ausgeprägt.

The sewing-machine, of the hand type, leaves a similar mark, but only on the left arm, and on the side of it farthest from the thumb, instead of being right across the broadest part, as this was.

87.9

Die Nähmaschine hinterlässt einen ähnlichen Abdruck, aber nur auf dem linken Arm und auf der Seite, die am weitesten vom Daumen entfernt ist, anstatt quer über die breiteste Stelle zu verlaufen, wie es hier der Fall war.

I then glanced at her face, and, observing the dint of a pince-nez at either side of her nose, I ventured a remark upon short sight and typewriting, which seemed to surprise her."

87.10

Dann blickte ich auf ihr Gesicht und bemerkte, dass sie auf beiden Seiten der Nase einen Zwicker trug, woraufhin ich mir eine Bemerkung über Kurzsichtigkeit und Schreibmaschinenschreiben erlaubte, die sie zu überraschen schien."

"It surprised me."

88.1

"Das hat mich überrascht."

"But, surely, it was obvious.

89.1

"Aber es war doch offensichtlich.

89.2 I was then much surprised and interested on glancing down to observe that, though the boots which she was wearing were not unlike each other, they were really odd ones;

Ich war dann sehr überrascht und interessiert, als ich einen Blick nach unten warf, um zu sehen, dass die Stiefel, die sie trug, einander zwar nicht unähnlich waren, aber wirklich merkwürdig;

89.3 the one having a slightly decorated toe-cap,

der eine hatte eine leicht verzierte Zehenkappe,

89.4 and the other a plain one.

der andere eine einfache.

89.5 One was buttoned only in the two lower buttons out of five, and the other at the first, third, and fifth.

Der eine war nur an den beiden unteren von fünf Knöpfen geknöpft, der andere am ersten, dritten und fünften.

89.6 Now, when you see that a young lady, otherwise neatly dressed, has come away from home with odd boots, half-buttoned, it is no great deduction to say that she came away in a hurry."

Wenn man nun sieht, dass eine junge Dame, die sonst ordentlich gekleidet ist, mit merkwürdigen Stiefeln, die nur halb geknöpft sind, von zu Hause wegkommt, ist es keine große Schlussfolgerung zu sagen, dass sie in Eile war."

90.1 "And what else?"

"Und was noch?"

90.2 I asked, keenly interested, as I always was, by my friend's incisive reasoning.

fragte ich, wie immer sehr interessiert an der scharfsinnigen Argumentation meines Freundes.

"I noted, in passing, that she had written a note before leaving home but after being fully dressed. 91.1

"Ich bemerkte beiläufig, dass sie eine Notiz geschrieben hatte, bevor sie das Haus verließ, aber nachdem sie vollständig angezogen war.

You observed that her right glove was torn at the forefinger, but you did not apparently see that both glove and finger were stained with violet ink. 91.2

Sie haben bemerkt, dass ihr rechter Handschuh am Zeigefinger zerrissen war, aber Sie haben offenbar nicht gesehen, dass sowohl Handschuh als auch Finger mit violetter Tinte befleckt waren.

She had written in a hurry and dipped her pen too deep. 91.3

Sie hatte in Eile geschrieben und ihre Feder zu tief eingetaucht.

It must have been this morning, 91.4

Es muss heute Morgen gewesen sein,

or the mark would not remain clear upon the finger. 91.5

sonst wäre der Fleck nicht deutlich auf dem Finger zu sehen.

All this is amusing, though rather elementary, but I must go back to business, Watson. 91.6

All das ist amüsant, wenn auch ziemlich elementar, aber ich muss zurück zur Arbeit, Watson.

Would you mind reading me the advertised description of Mr. Hosmer Angel?" 91.7

Würden Sie mir bitte die ausgeschriebene Beschreibung von Mr. Hosmer Angel vorlesen?"

92.1 I held the little printed slip to the light.
Ich hielt den kleinen bedruckten Zettel gegen das Licht.

92.2 "Missing," it said, "on the morning of the fourteenth,
"Vermisst," stand da, "am Morgen des vierzehnten,

92.3 a gentleman named Hosmer Angel. About five ft. seven in.
ein Herr namens Hosmer Angel. Etwa 1.70 m groß.,

92.4 in height; strongly built, sallow complexion, black hair, a little bald in the centre, bushy, black side-whiskers and moustache; tinted glasses, slight infirmity of speech.
kräftige Statur, blasser Teint, schwarzes Haar, in der Mitte etwas kahl, buschiger, schwarzer Backen - und Schnurrbart, getönte Brille, leichte Sprachschwäche.

92.5 Was dressed, when last seen, in black frock-coat faced with silk, black waistcoat, gold Albert chain, and grey Harris tweed trousers, with brown gaiters over elastic-sided boots.
Als er zuletzt gesehen wurde, trug er einen schwarzen Gehrock mit Seidenbesatz, eine schwarze Weste, eine goldene Albert-Kette, eine graue Harris-Tweed-Hose und braune Gamaschen über Gummistiefeln.

92.6 Known to have been employed in an office in Leadenhall Street.
Er soll in einem Büro in der Leadenhall Street beschäftigt gewesen sein.

92.7 Anybody bringing," &c, &c.
Irgendjemand bringt," &c, &c.

93.1 "That will do," said Holmes. "As to the letters,"
"Das genügt," sagte Holmes. "Was die Briefe angeht,"

he continued, glancing over them, "they are very commonplace.

93.2

fuhr er fort, indem er sie überflog, "so sind sie sehr banal.

Absolutely no clue in them to Mr. Angel,

93.3

Sie enthalten absolut keinen Hinweis auf Mr. Angel,

save that he quotes Balzac once.

93.4

außer dass er einmal Balzac zitiert.

There is one remarkable point, however, which will no doubt strike you."

93.5

Es gibt jedoch einen bemerkenswerten Punkt, der Ihnen zweifellos auffallen wird."

"They are typewritten," I remarked.

94.1

"Sie sind maschinengeschrieben," bemerkte ich.

"Not only that, but the signature is typewritten.

95.1

"Nicht nur das, auch die Unterschrift ist maschinengeschrieben.

Look at the neat little 'Hosmer Angel' at the bottom.

95.2

Sehen Sie sich den kleinen 'Hosmer Angel' am unteren Rand an.

There is a date, you see, but no superscription except Leadenhall Street, which is rather vague.

95.3

Sie sehen, es gibt ein Datum, aber keine Überschrift außer Leadenhall Street, was ziemlich vage ist.

The point about the signature is very suggestive -

95.4

Der Hinweis auf die Unterschrift ist sehr aufschlussreich -

in fact, we may call it conclusive."

95.5

wir können ihn sogar als schlüssig bezeichnen."

96.1 "Of what?"
"Wovon?"

97.1 "My dear fellow, is it possible you do not see how strongly it bears upon the case?"
"Mein lieber Freund, ist es möglich, dass Sie nicht sehen, wie stark es mit dem Fall zusammenhängt?"

98.1 "I cannot say that I do unless it were that he wished to be able to deny his signature if an action for breach of promise were instituted."
"Das kann ich nicht behaupten, es sei denn, er wollte seine Unterschrift verweigern können, wenn eine Klage wegen Versprechensbruchs erhoben wird."

99.1 "No, that was not the point.
"Nein, das war nicht der Punkt.

99.2 However, I shall write two letters, which should settle the matter.
Ich werde jedoch zwei Briefe schreiben, die die Angelegenheit regeln sollten.

99.3 One is to a firm in the City, the other is to the young lady's stepfather, Mr. Windibank, asking him whether he could meet us here at six o'clock to-morrow evening.
Der eine geht an eine Firma in der Stadt, der andere an den Stiefvater der jungen Dame, Mr. Windibank, mit der Bitte, uns morgen um sechs Uhr hier zu treffen.

99.4 It is just as well that we should do business with the male relatives.
Es ist nur gut, wenn wir mit den männlichen Verwandten Geschäfte machen.

And now, Doctor, we can do nothing until the answers to those letters come, so we may put our little problem upon the shelf for the interim."

99.5

Und jetzt, Herr Doktor, können wir nichts tun, bis die Antworten auf diese Briefe eintreffen, also können wir unser kleines Problem für die Zwischenzeit auf die lange Bank schieben."

I had had so many reasons to believe in my friend's subtle powers of reasoning and extraordinary energy in action that I felt that he must have some solid grounds for the assured and easy demeanour with which he treated the singular mystery which he had been called upon to fathom.

100.1

Ich hatte so viele Gründe gehabt, an die subtilen Argumentationsfähigkeiten und die außerordentliche Tatkraft meines Freundes zu glauben, dass ich das Gefühl hatte, er müsse solide Gründe für sein sicheres und leichtes Auftreten haben, mit dem er das seltsame Geheimnis behandelte, das zu ergründen er aufgefordert worden war.

Once only had I known him to fail, in the case of the King of Bohemia and of the Irene Adler photograph;

100.2

Ich hatte nur einmal erlebt, dass er versagt hatte, im Fall des Königs von Böhmen und der Irene-Adler-Fotografie;

but when I looked back to the weird business of the Sign of Four, and the extraordinary circumstances connected with the Study in Scarlet, I felt that it would be a strange tangle indeed which he could not unravel.

100.3

aber als ich auf die seltsame Sache mit dem Zeichen der Vier und die außergewöhnlichen Umstände im Zusammenhang mit der Studie in Scharlachrot zurückblickte, spürte ich, dass es in der Tat ein seltsames Knäuel sein würde, das er nicht entwirren konnte.

101.1 I left him then, still puffing at his black clay pipe, with the conviction that when I came again on the next evening I would find that he held in his hands all the clues which would lead up to the identity of the disappearing bridegroom of Miss Mary Sutherland.

Ich verließ ihn dann, immer noch an seiner schwarzen Tonpfeife paffend, in der Überzeugung, dass ich, wenn ich am nächsten Abend wiederkäme, feststellen würde, dass er alle Hinweise in den Händen hielt, die zur Identität des verschwundenen Bräutigams von Miss Mary Sutherland führen würden.

102.1 A professional case of great gravity was engaging my own attention at the time,

Zu dieser Zeit war ich selbst mit einem sehr ernsten beruflichen Fall beschäftigt,

102.2 and the whole of next day I was busy at the bedside of the sufferer.

und den ganzen nächsten Tag war ich am Bett des Leidenden beschäftigt.

102.3 It was not until close upon six o'clock that I found myself free and was able to spring into a hansom and drive to Baker Street, half afraid that I might be too late to assist at the dénouement of the little mystery.

Erst kurz vor sechs Uhr hatte ich frei und konnte in eine Droschke steigen und zur Baker Street fahren, da ich halb befürchtete, zu spät zu kommen, um bei der Auflösung des kleinen Rätsels zu helfen.

102.4 I found Sherlock Holmes alone, however, half asleep, with his long, thin form curled up in the recesses of his armchair.

Ich fand Sherlock Holmes jedoch allein vor, halb schlafend, mit seiner langen, dünnen Gestalt, die sich in den Nischen seines Sessels zusammengerollt hatte.

A formidable array of bottles and test-tubes, with the pungent cleanly smell of hydrochloric acid, told me that he had spent his day in the chemical work which was so dear to him. 102.5

Ein gewaltiges Arsenal von Flaschen und Reagenzgläsern mit dem stechenden, sauberen Geruch von Salzsäure verriet mir, dass er den Tag mit der chemischen Arbeit verbracht hatte, die ihm so sehr am Herzen lag.

"Well, have you solved it?" I asked as I entered. 103.1

"Und, hast du es gelöst?" fragte ich, als ich eintrat.

"Yes. It was the bisulphate of baryta." 104.1

"Ja. Es war das Bisulfat von Baryt."

"No, no, the mystery!" I cried. 105.1

"Nein, nein, das Geheimnis!" rief ich.

"Oh, that! I thought of the salt that I have been working upon. 106.1

"Ach, das! Ich dachte an das Salz, an dem ich gearbeitet habe.

There was never any mystery in the matter, though, as I said yesterday, some of the details are of interest. 106.2

Die Sache war nie geheimnisvoll, obwohl, wie ich gestern sagte, einige Details von Interesse sind.

The only drawback is that there is no law, I fear, that can touch the scoundrel." 106.3

Der einzige Nachteil ist, dass es, wie ich fürchte, kein Gesetz gibt, das dem Schurken etwas anhaben kann."

107.1 "Who was he, then, and what was his object in deserting Miss Sutherland?"

"Wer war er denn, und was wollte er damit bezwecken, dass er Miss Sutherland verließ?"

108.1 The question was hardly out of my mouth, and Holmes had not yet opened his lips to reply, when we heard a heavy footfall in the passage and a tap at the door.

Ich hatte die Frage kaum ausgesprochen, und Holmes hatte seine Lippen noch nicht geöffnet, um zu antworten, da hörten wir schwere Schritte auf dem Gang und ein Klopfen an der Tür.

109.1 "This is the girl's stepfather, Mr. James Windibank,"

"Das ist der Stiefvater des Mädchens, Mr. James Windibank,"

109.2 said Holmes.

sagte Holmes.

109.3 "He has written to me to say that he would be here at six.

"Er hat mir geschrieben, dass er um sechs Uhr hier sein würde.

109.4 Come in!"

Kommen Sie herein!"

The man who entered was a sturdy, middle-sized fellow, some thirty years of age, clean-shaven, and sallow-skinned, with a bland, insinuating manner, and a pair of wonderfully sharp and penetrating grey eyes.

110.1

Der Mann, der eintrat, war ein stämmiger, mittelgroßer Kerl, etwa dreißig Jahre alt, glatt rasiert und blasshäutig, mit einem freundlichen, anzüglichen Auftreten und einem Paar wunderbar scharfer und durchdringender grauer Augen.

He shot a questioning glance at each of us, placed his shiny top-hat upon the sideboard, and with a slight bow sidled down into the nearest chair.

110.2

Er warf jedem von uns einen fragenden Blick zu, legte seinen glänzenden Zylinder auf die Anrichte und ließ sich mit einer leichten Verbeugung auf den nächstgelegenen Stuhl sinken.

"Good-evening, Mr. James Windibank," said Holmes.

111.1

"Guten Abend, Mr. James Windibank," sagte Holmes.

"I think that this typewritten letter is from you, in which you made an appointment with me for six o'clock?"

111.2

"Ich glaube, dieser maschinengeschriebene Brief ist von Ihnen, in dem Sie sich mit mir für sechs Uhr verabredet haben?"

"Yes, sir.

112.1

"Ja, Sir.

I am afraid that I am a little late, but I am not quite my own master, you know.

112.2

Ich fürchte, ich bin ein wenig spät dran, aber ich bin nicht ganz mein eigener Herr, wie Sie wissen.

112.3   I am sorry that Miss Sutherland has troubled you about this little matter, for I think it is far better not to wash linen of the sort in public.

Es tut mir leid, dass Miss Sutherland Sie mit dieser kleinen Angelegenheit belästigt hat, denn ich denke, es ist viel besser, solche Wäsche nicht in der Öffentlichkeit zu waschen.

112.4   It was quite against my wishes that she came, but she is a very excitable, impulsive girl, as you may have noticed, and she is not easily controlled when she has made up her mind on a point.

Es war ganz gegen meinen Willen, dass sie gekommen ist, aber sie ist ein sehr reizbares, impulsives Mädchen, wie Sie vielleicht bemerkt haben, und sie ist nicht leicht zu bändigen, wenn sie sich zu einem bestimmten Punkt entschlossen hat.

112.5   Of course, I did not mind you so much, as you are not connected with the official police, but it is not pleasant to have a family misfortune like this noised abroad.

Natürlich habe ich mich nicht so sehr um Sie gekümmert, da Sie nicht mit der offiziellen Polizei zu tun haben, aber es ist nicht angenehm, wenn ein Familienunglück wie dieses im Ausland bekannt wird.

112.6   Besides, it is a useless expense, for how could you possibly find this Hosmer Angel?"

Außerdem ist es eine unnötige Ausgabe, denn wie sollten Sie diesen Hosmer Angel finden?"

113.1   "On the contrary," said Holmes quietly;

"Im Gegenteil," sagte Holmes leise,

"I have every reason to believe that I will succeed in discovering Mr. Hosmer Angel." 113.2

"ich habe allen Grund zu glauben, dass es mir gelingen wird, Mr. Hosmer Angel zu finden."

Mr. Windibank gave a violent start and dropped his gloves. 114.1

Herr Windibank zuckte zusammen und ließ seine Handschuhe fallen.

"I am delighted to hear it," he said. 114.2

"Ich bin erfreut, das zu hören," sagte er.

"It is a curious thing," remarked Holmes, 115.1

"Es ist schon seltsam," bemerkte Holmes,

"that a typewriter has really quite as much individuality as a man's handwriting. 115.2

"dass eine Schreibmaschine genauso individuell ist wie die Handschrift eines Menschen.

Unless they are quite new, 115.3

Wenn sie nicht ganz neu sind,

no two of them write exactly alike. 115.4

schreibt keine von ihnen genau gleich.

Some letters get more worn than others, 115.5

Manche Buchstaben nutzen sich stärker ab als andere,

and some wear only on one side. 115.6

und manche nutzen sich nur auf einer Seite ab.

115.7 Now, you remark in this note of yours, Mr. Windibank, that in every case there is some little slurring over of the 'e,' and a slight defect in the tail of the 'r.'

Sie bemerken in Ihrer Notiz, Herr Windibank, dass in jedem Fall das "e" ein wenig verschliffen ist und das "r" einen leichten Fehler am Ende aufweist.'

115.8 There are fourteen other characteristics,

Es gibt noch vierzehn weitere Merkmale,

115.9 but those are the more obvious."

aber diese sind die offensichtlichsten."

116.1 "We do all our correspondence with this machine at the office, and no doubt it is a little worn,"

"Wir erledigen unsere gesamte Korrespondenz mit dieser Maschine im Büro, und zweifellos ist sie ein wenig abgenutzt,"

116.2 our visitor answered,

antwortete unser Besucher,

116.3 glancing keenly at Holmes with his bright little eyes.

der Holmes mit seinen leuchtenden kleinen Augen scharf ansah.

117.1 "And now I will show you what is really a very interesting study, Mr. Windibank,"

"Und jetzt werde ich Ihnen eine wirklich sehr interessante Studie zeigen, Mr. Windibank,"

117.2 Holmes continued.

fuhr Holmes fort.

"I think of writing another little monograph some of these days on the typewriter and its relation to crime.

117.3

"Ich denke daran, in diesen Tagen eine weitere kleine Monographie über die Schreibmaschine und ihre Beziehung zum Verbrechen zu schreiben.

It is a subject to which I have devoted some little attention.

117.4

Das ist ein Thema, dem ich ein wenig Aufmerksamkeit gewidmet habe.

I have here four letters which purport to come from the missing man.

117.5

Ich habe hier vier Briefe, die angeblich von dem vermissten Mann stammen.

They are all typewritten.

117.6

Sie sind alle maschinengeschrieben.

In each case, not only are the 'e's' slurred and the 'r's'

117.7

In jedem Fall sind nicht nur die 'e's' und die 'r's'

tailless, but you will observe, if you care to use my magnifying lens, that the fourteen other characteristics to which I have alluded are there as well."

117.8

undeutlich, sondern Sie werden, wenn Sie meine Lupe benutzen, feststellen, dass die vierzehn anderen Merkmale, auf die ich angespielt habe, ebenfalls vorhanden sind."

Mr. Windibank sprang out of his chair and picked up his hat.

118.1

Mr. Windibank sprang von seinem Stuhl auf und nahm seinen Hut.

118.2 "I cannot waste time over this sort of fantastic talk, Mr. Holmes,"

"Ich kann keine Zeit mit diesem fantastischen Gerede verschwenden, Mr. Holmes,"

118.3 he said.

sagte er.

118.4 "If you can catch the man, catch him, and let me know when you have done it."

"Wenn Sie den Mann fangen können, dann fangen Sie ihn, und sagen Sie mir Bescheid, wenn Sie es getan haben."

119.1 "Certainly," said Holmes,

"Gewiss," sagte Holmes,

119.2 stepping over and turning the key in the door.

trat heran und drehte den Schlüssel in der Tür.

119.3 "I let you know, then, that I have caught him!"

"Ich lasse Sie also wissen, dass ich ihn erwischt habe!"

120.1 "What! where?" shouted Mr. Windibank,

"Was! Wo?" rief Mr. Windibank,

120.2 turning white to his lips and glancing about him like a rat in a trap.

wurde weiß bis auf die Lippen und blickte um sich wie eine Ratte in der Falle.

121.1 "Oh, it won't do - really it won't,"

"Oh, das wird nicht gehen - wirklich nicht,"

121.2 said Holmes suavely.

sagte Holmes freundlich.

"There is no possible getting out of it, Mr. Windibank.

"Da gibt es keinen Ausweg, Mr. Windibank.

It is quite too transparent, and it was a very bad compliment when you said that it was impossible for me to solve so simple a question.

Es ist viel zu durchsichtig, und es war ein sehr schlechtes Kompliment, als Sie sagten, es sei mir unmöglich, eine so einfache Frage zu lösen.

That's right!

Das ist richtig!

Sit down and let us talk it over."

Setzen Sie sich und lassen Sie uns darüber reden."

Our visitor collapsed into a chair,

Unser Besucher sackte in einem Stuhl zusammen,

with a ghastly face and a glitter of moisture on his brow.

sein Gesicht war grässlich und seine Stirn glitzerte feucht.

"It — it's not actionable," he stammered.

"Es ist nicht einklagbar," stammelte er.

"I am very much afraid that it is not.

"Ich fürchte sehr, dass es nicht so ist.

But between ourselves, Windibank, it was as cruel and selfish and heartless a trick in a petty way as ever came before me.

Aber unter uns gesagt, Windibank, es war ein so grausamer, egoistischer und herzloser Trick, wie er mir noch nie untergekommen ist.

123.3 Now, let me just run over the course of events, and
you will contradict me if I go wrong."

Lassen Sie mich kurz den Ablauf der Ereignisse schildern,
und Sie werden mir widersprechen, wenn ich falsch liege."

124.1 The man sat huddled up in his chair, with his head
sunk upon his breast, like one who is utterly crushed.

Der Mann saß zusammengekauert in seinem Stuhl,
den Kopf auf die Brust gesenkt, wie jemand, der völlig
niedergeschlagen ist.

124.2 Holmes stuck his feet up on the corner of the
mantelpiece and, leaning back with his hands in
his pockets, began talking, rather to himself, as it
seemed, than to us.

Holmes stützte sich mit den Füßen auf die Ecke des Kamins
und lehnte sich zurück, die Hände in den Taschen, und
begann zu sprechen, eher zu sich selbst, wie es schien, als
zu uns.

125.1 "The man married a woman very much older than
himself for her money,"

"Der Mann heiratete eine Frau, die sehr viel älter war als er,
wegen ihres Geldes,"

125.2 said he,

sagte er,

125.3 "and he enjoyed the use of the money of the daughter
as long as she lived with them.

"und er genoss den Gebrauch des Geldes der Tochter,
solange sie bei ihnen lebte.

It was a considerable sum, for people in their position, and the loss of it would have made a serious difference.

125.4

Es war eine beträchtliche Summe für Leute in ihrer Lage, und der Verlust dieser Summe hätte einen großen Unterschied gemacht.

It was worth an effort to preserve it.

125.5

Es war eine Anstrengung wert, es zu erhalten.

The daughter was of a good, amiable disposition, but affectionate and warm-hearted in her ways, so that it was evident that with her fair personal advantages, and her little income, she would not be allowed to remain single long.

125.6

Die Tochter war von guter, liebenswürdiger Gesinnung, aber liebevoll und warmherzig in ihrer Art, so dass es offensichtlich war, dass sie mit ihren guten persönlichen Vorzügen und ihrem kleinen Einkommen nicht lange allein bleiben würde.

Now her marriage would mean, of course, the loss of a hundred a year, so what does her stepfather do to prevent it?

125.7

Nun würde ihre Heirat natürlich den Verlust von hundert Euro im Jahr bedeuten, und was tut ihr Stiefvater, um das zu verhindern?

He takes the obvious course of keeping her at home and forbidding her to seek the company of people of her own age.

125.8

Er wählt den naheliegenden Weg, sie zu Hause zu behalten und ihr zu verbieten, die Gesellschaft von Gleichaltrigen zu suchen.

But soon he found that that would not answer forever.

125.9

Doch schon bald stellt er fest, dass das nicht ewig hilft.

125.10 **She became restive, insisted upon her rights, and finally announced her positive intention of going to a certain ball.**
Sie wurde widerspenstig, bestand auf ihren Rechten und verkündete schließlich ihre feste Absicht, auf einen bestimmten Ball zu gehen.

125.11 **What does her clever stepfather do then?**
Und was macht ihr kluger Stiefvater?

125.12 **He conceives an idea more creditable to his head than to his heart.**
Er kommt auf eine Idee, die eher seinem Kopf als seinem Herzen zu verdanken ist.

125.13 **With the connivance and assistance of his wife he disguised himself,**
Mit dem Einverständnis und der Hilfe seiner Frau verkleidete er sich,

125.14 **covered those keen eyes with tinted glasses,**
bedeckte die scharfen Augen mit einer getönten Brille,

125.15 **masked the face with a moustache and a pair of bushy whiskers,**
maskierte das Gesicht mit einem Schnurrbart und einem buschigen Backenbart,

125.16 **sunk that clear voice into an insinuating whisper,**
versenkte die klare Stimme in ein anzügliches Flüstern,

125.17 **and doubly secure on account of the girl's short sight,**
und um sich wegen der geringen Sehkraft des Mädchens doppelt abzusichern,

125.18 **he appears as Mr. Hosmer Angel,**
trat er als Mr. Hosmer Angel auf und hielt andere Liebhaber ab,

and keeps off other lovers by making love himself."   125.19
indem er selbst Liebe machte."

"It was only a joke at first," groaned our visitor.   126.1
"Zuerst war es nur ein Scherz," stöhnte unser Besucher.

"We never thought that she would have been so   126.2
carried away."
"Wir hätten nie gedacht, dass sie sich so hinreißen lässt."

"Very likely not.   127.1
"Sehr wahrscheinlich nicht.

However that may be, the young lady was very   127.2
decidedly carried away, and, having quite made
up her mind that her stepfather was in France, the
suspicion of treachery never for an instant entered
her mind.
Wie dem auch sei, die junge Dame war sehr angetan, und da
sie sich ganz sicher war, dass ihr Stiefvater in Frankreich
war, kam ihr nicht einen Augenblick lang der Verdacht des
Verrats in den Sinn.

She was flattered by the gentleman's attentions,   127.3
Sie fühlte sich durch die Aufmerksamkeiten des Herrn
geschmeichelt,

and the effect was increased by the loudly expressed   127.4
admiration of her mother.
und die Wirkung wurde durch die lautstarke Bewunderung
ihrer Mutter noch verstärkt.

127.5 Then Mr. Angel began to call, for it was obvious that the matter should be pushed as far as it would go if a real effect were to be produced.

Dann begann Mr. Angel zu telefonieren, denn es war offensichtlich, dass die Angelegenheit bis zum Äußersten getrieben werden musste, wenn man wirklich etwas erreichen wollte.

127.6 There were meetings, and an engagement, which would finally secure the girl's affections from turning towards anyone else.

Es gab Zusammenkünfte und eine Verabredung, die die Zuneigung des Mädchens endgültig davon abhalten sollte, sich einem anderen zuzuwenden.

127.7 But the deception could not be kept up forever.

Aber die Täuschung konnte nicht ewig aufrechterhalten werden.

127.8 These pretended journeys to France were rather cumbrous.

Diese vorgetäuschten Reisen nach Frankreich waren ziemlich lästig.

127.9 The thing to do was clearly to bring the business to an end in such a dramatic manner that it would leave a permanent impression upon the young lady's mind and prevent her from looking upon any other suitor for some time to come.

Es galt, die Angelegenheit auf so dramatische Weise zu beenden, dass sie einen bleibenden Eindruck bei der jungen Dame hinterließ und sie für längere Zeit davon abhielt, einen anderen Freier zu suchen.

Hence those vows of fidelity exacted upon a Testament, and hence also the allusions to a possibility of something happening on the very morning of the wedding. 127.10

Daher die Treueschwüre, die in einem Testament gefordert wurden, und daher auch die Anspielungen auf die Möglichkeit, dass noch am Morgen der Hochzeit etwas geschehen könnte.

James Windibank wished Miss Sutherland to be so bound to Hosmer Angel, and so uncertain as to his fate, that for ten years to come, at any rate, she would not listen to another man. 127.11

James Windibank wollte, dass Miss Sutherland so sehr an Hosmer Angel gebunden und über sein Schicksal im Ungewissen war, dass sie auf jeden Fall zehn Jahre lang keinen anderen Mann mehr hören würde.

As far as the church door he brought her, and then, as he could go no farther, he conveniently vanished away by the old trick of stepping in at one door of a four-wheeler and out at the other. 127.12

Er brachte sie bis zur Kirchentür, und als er nicht mehr weiter konnte, verschwand er bequem durch den alten Trick, durch die eine Tür eines Vierrads einzusteigen und durch die andere wieder herauszukommen.

I think that was the chain of events, Mr. Windibank!" 127.13

Ich glaube, das war die Kette der Ereignisse, Mr. Windibank!"

128.1 Our visitor had recovered something of his assurance while Holmes had been talking, and he rose from his chair now with a cold sneer upon his pale face.

Unser Besucher hatte etwas von seiner Zuversicht zurückgewonnen, während Holmes gesprochen hatte, und er erhob sich nun von seinem Stuhl mit einem kalten Spott auf seinem blassen Gesicht.

129.1 "It may be so, or it may not, Mr. Holmes," said he,

"Das mag so sein oder auch nicht, Mr. Holmes," sagte er,

129.2 "but if you are so very sharp you ought to be sharp enough to know that it is you who are breaking the law now, and not me.

"aber wenn Sie so scharfsinnig sind, sollten Sie wissen, dass Sie es sind, der jetzt das Gesetz bricht, und nicht ich.

129.3 I have done nothing actionable from the first, but as long as you keep that door locked you lay yourself open to an action for assault and illegal constraint."

Ich habe von Anfang an nichts Strafbares getan, aber solange Sie die Tür verschlossen halten, können Sie wegen Körperverletzung und Nötigung belangt werden."

130.1 "The law cannot, as you say, touch you,"

"Das Gesetz kann Ihnen, wie Sie sagen, nichts anhaben,"

130.2 said Holmes, unlocking and throwing open the door,

sagte Holmes, schloss die Tür auf und stieß sie auf,

130.3 "yet there never was a man who deserved punishment more.

"aber es gab noch nie einen Mann, der mehr Strafe verdient hätte.

If the young lady has a brother or a friend,   130.4

Wenn die junge Dame einen Bruder oder einen Freund hat,

he ought to lay a whip across your shoulders.   130.5

sollte er Ihnen eine Peitsche auf die Schultern legen.

By Jove!"   130.6

Bei Gott!"

he continued, flushing up at the sight of the bitter   130.7
sneer upon the man's face,

fuhr er fort und errötete beim Anblick des bitteren Spottes
auf dem Gesicht des Mannes,

"it is not part of my duties to my client, but here's   130.8
a hunting crop handy, and I think I shall just treat
myself to -"

"es gehört nicht zu meinen Pflichten gegenüber meiner
Klientin, aber hier ist eine Jagdgerte zur Hand, und ich
denke, ich werde mir einfach eine -"

He took two swift steps to the whip, but before he   130.9
could grasp it there was a wild clatter of steps upon
the stairs, the heavy hall door banged, and from the
window we could see Mr. James Windibank running
at the top of his speed down the road.

Er machte zwei schnelle Schritte zur Peitsche, aber bevor
er sie ergreifen konnte, gab es ein wildes Getrappel auf
der Treppe, die schwere Saaltür knallte, und vom Fenster
aus konnte man sehen, wie Herr James Windibank mit
Höchstgeschwindigkeit die Straße hinunterrannte.

"There's a cold-blooded scoundrel!"   131.1

"Das ist ein kaltblütiger Schurke!"

131.2 said Holmes, laughing, as he threw himself down into his chair once more.

sagte Holmes lachend, als er sich wieder in seinen Stuhl zurückwarf.

131.3 "That fellow will rise from crime to crime until he does something very bad,

"Dieser Kerl wird sich von Verbrechen zu Verbrechen steigern,

131.4 and ends on a gallows.

bis er etwas sehr Schlimmes tut und am Galgen endet.

131.5 The case has, in some respects, been not entirely devoid of interest."

Der Fall war in mancher Hinsicht nicht ganz uninteressant."

132.1 "I cannot now entirely see all the steps of your reasoning,"

"Ich kann jetzt nicht alle Schritte Ihrer Argumentation nachvollziehen,"

132.2 I remarked.

bemerkte ich.

133.1 "Well, of course it was obvious from the first that this Mr. Hosmer Angel must have some strong object for his curious conduct, and it was equally clear that the only man who really profited by the incident, as far as we could see, was the stepfather.

"Nun, es war natürlich von Anfang an klar, dass dieser Mr. Hosmer Angel ein starkes Motiv für sein seltsames Verhalten haben musste, und es war ebenso klar, dass der einzige Mann, der wirklich von dem Vorfall profitierte, soweit wir sehen konnten, der Stiefvater war.

Then the fact that the two men were never together, 133.2
but that the one always appeared when the other was
away, was suggestive.

Auch die Tatsache, dass die beiden Männer nie zusammen
waren, sondern dass der eine immer dann auftauchte,
wenn der andere abwesend war, war suggestiv.

So were the tinted spectacles and the curious voice, 133.3
which both hinted at a disguise, as did the bushy
whiskers.

Auch die getönte Brille und die seltsame Stimme deuteten
auf eine Verkleidung hin, ebenso wie der buschige
Schnurrbart.

My suspicions were all confirmed by his peculiar 133.4
action in typewriting his signature, which, of course,
inferred that his handwriting was so familiar to
her that she would recognise even the smallest
sample of it.

Mein Verdacht wurde durch seine eigenartige Art, seine
Unterschrift mit der Schreibmaschine zu schreiben,
bestätigt, was natürlich den Schluss zuließ, dass seine
Handschrift ihr so vertraut war, dass sie selbst die kleinste
Probe davon erkennen würde.

You see all these isolated facts, together with many 133.5
minor ones, all pointed in the same direction."

Sie sehen, all diese einzelnen Tatsachen, zusammen mit
vielen kleineren, wiesen alle in dieselbe Richtung."

"And how did you verify them?" 134.1

"Und wie haben Sie sie überprüft?"

"Having once spotted my man, it was easy to get 135.1
corroboration.

"Nachdem ich meinen Mann einmal gesehen hatte, war es
einfach, eine Bestätigung zu bekommen.

258

135.2 **I knew the firm for which this man worked.**
Ich kannte die Firma, für die dieser Mann arbeitete.

135.3 **Having taken the printed description.**
Nachdem ich die gedruckte Beschreibung genommen hatte.

135.4 **I eliminated everything from it which could be the result of a disguise — the whiskers, the glasses, the voice, and I sent it to the firm, with a request that they would inform me whether it answered to the description of any of their travellers.**
Ich entfernte alles, was auf eine Verkleidung hindeuten könnte - den Bart, die Brille, die Stimme - und schickte sie an die Firma mit der Bitte, mir mitzuteilen, ob sie auf die Beschreibung eines ihrer Reisenden zutraf.

135.5 **I had already noticed the peculiarities of the typewriter, and I wrote to the man himself at his business address asking him if he would come here.**
Die Besonderheiten der Schreibmaschine waren mir bereits aufgefallen, und ich schrieb den Mann selbst an seine Geschäftsadresse an und fragte ihn, ob er hierher kommen würde.

135.6 **As I expected, his reply was typewritten and revealed the same trivial but characteristic defects.**
Wie ich erwartet hatte, war seine Antwort maschinengeschrieben und wies die gleichen trivialen, aber charakteristischen Mängel auf.

135.7 **The same post brought me a letter from Westhouse & Marbank, of Fenchurch Street, to say that the description tallied in every respect with that of their employé, James Windibank.**
Mit derselben Post erhielt ich einen Brief von Westhouse & Marbank aus der Fenchurch Street, in dem stand, dass die Beschreibung in jeder Hinsicht mit der ihres Angestellten James Windibank übereinstimmte.

Voilà tout!"   135.8
Voilà tout!"

"And Miss Sutherland?"   136.1
"Und Miss Sutherland?"

"If I tell her she will not believe me.   137.1
"Wenn ich es ihr sage, wird sie mir nicht glauben.

You may remember the old Persian saying,   137.2
Du erinnerst dich vielleicht an das alte persische
Sprichwort:

'There is danger for him who taketh the tiger cub,   137.3
and danger also for whoso snatches a delusion from a
woman.'
'Es ist gefährlich für den, der das Tigerjunge nimmt, und
gefährlich auch für den, der einer Frau eine Täuschung
entreißt.'

There is as much sense in Hafiz as in Horace,   137.4
In Hafiz steckt so viel Verstand wie in Horaz,

and as much knowledge of the world."   137.5
und so viel Wissen über die Welt."

Möwenstein Books

www.mowenstein.com

Renowned Authors

H. G. Wells • Ernest Hemingway
H. P. Lovecraft • Lewis Carroll
Franz Kafka • Friedrich Nietzsche
Albert Einstein • Oscar Wilde
Hans Christian Andersen

Notable Works

Frankenstein • *Alice in Wonderland*
Heart of Darkness • *The Great Gatsby*
Siddhartha • *The Metamorphosis*
Thus Spoke Zarathustra

Translation Services

We offer translation services in various languages, including German, Spanish, Chinese, Korean, Arabic, and more. For custom translations or revisions, please contact us at:

Email: translation@mowenstein.com

Our Collections

Franz Kafka Collection

- The Metamorphosis / Die Verwandlung
- The Trial / Der Prozess
- The Castle / Das Schloss
- and many more...

Pakt mit dem Teufel

- Faust Parts I & II by Johann Wolfgang von Goethe
- Doctor Faustus by Christopher Marlowe

Portraits of Irishmen

- The Picture of Dorian Gray by Oscar Wilde
- A Portrait of the Artist as a Young Man by James Joyce

Children's Classics

- Winnie-the-Pooh / Pu der Bär
- Brothers Grimm Fairy Tales
- Fairy Tales Told for Children
    - Author: Hans Christian Andersen

Visit Us

At Möwenstein Books, we are committed to providing high-quality bilingual editions of classic works. Explore our collections and discover more titles across various genres and languages.

Website: www.mowenstein.com